Library

ロと思想　1960-2011

平凡社ライブラリー

Heibonsha Library

政治と思想 1960-2011

柄谷行人

平凡社

本書は、第一部は二〇〇九年五月図書新聞より刊行の『柄谷行人 政治を語る』、第二部は「週刊読書人」二〇一一年六月一七日号初出のインタビューを底本とし、序文、第三部、ならびに著者あとがきを追加したものです。

序文

本書第一部の「政治を語る」は、六〇年代の運動を回顧する図書新聞の企画で、小嵐九八郎氏による連続インタビューの第一回目としてなされたものである。それまで、私は一九六〇年ないし六〇年代について語ったことはほとんどなかった。そういう世代論的な議論をすることを好まなかったからである。しかし、いざ話してみると、一九六〇年への回顧は、自分の考えがいろんな意味で一九六〇年の経験に発していることを痛感させた。

「政治を語る」で一九六〇年に関して述べた論点は主として、デモのことであった。当時、私は丸山眞男《まるやままさお》や久野収《くのおさむ》のような知識人が、安保闘争のデモを見て感激していたのをよく理解できなかった。こんなデモは当たり前だ、と思っていたからである。私がその意味を理解したのは、ずっと後、つまり、デモがなくなってしまった時期である。「政治を語る」でも、私は日本になぜデモがないのかを論じている。

ところが、二〇一一年の四月以降、私は反原発のデモに参加するようになった。デモはちょうど五〇年ぶりであった。もちろん、経済的衰退と原発震災のさなかにある現在は、高度成長の最中にあった一九六〇年とは似ても似つかない。ただ、デモという観点から見ると、五〇年前に戻ったという感じがする。あの時期には、広島・長崎の記憶が生々しく、また、核実験による被曝や核戦争の切迫感があった。3・11原発震災が、再びわれわれをそこに戻したのである。

原発震災が国民的なデモを呼び起こしたのは確かである。しかし、因果関係はそう単純ではない。地震の多い日本に大量の原発建設を許したのは、むしろデモができなくなったような日本の社会なのだ。だから、脱原発はそのような日本の社会を脱構築することなしにはありえない。平たくいえば、それは日本を「人がデモをする社会」にすることから始まる。

現在の日本語では、集会とデモは区別されている。そのため、集会は自由にできるが、デモは取り締まられている。しかし、日本の憲法二一条には「集会、結社、表現の自由」が掲げられており、この場合、集会（assembly）はデモを含む。デモとは集会の一種であり、動く集会である。したがって、デモがない国、デモがやりにくい国は、集会の自由がないに等しい。

現代の民主主義は一般に、国民（people）が選挙で代議士を選ぶ、代表制民主主義として考えられている。しかし、代表制は民主政とは異質である。モンテスキューがいったように、代表制は寡頭政《かとうせい》の一種にすぎない。そのため、代表制民主主義は寡頭政に帰着する。実際、日本の代議士の有力者はほとんど世襲的である。だから、民主主義が活きて存在するためには、代表制でないような直接行動、すなわち、「動く集会」がなければならない。個々人が主権者として、自らを代表する者として登場しうるのは、匿名選挙ではなく、デモにおいてである。

このような「動く集会」は、近代に始まったものではない。人類は本来、遊動的な狩猟採集民であり、日々の生活が「動く集会」であった。それは定住以後には失われたが、国家以後の社会においても、さまざまなかたちで回復されてきた。たとえば、普遍宗教の始祖たちは、神殿や寺院を拒み、人々を引き連れて歩き、話し合い、また、共食した。思想家たちも都市から都市へ移動し、広場で議論をした。その後にできた教会、寺院、大学などの荘厳な建物の中には「動く集会」はない。したがって、そこには生きた思想もない。

「動く集会」、すなわち、デモには、このような世界史的意義がある。したがって、本書において、自分の思考の歴史を、一九六〇年のデモから二〇一一年のデモへの過程としてふりかえることには意味があると、私は考える。

二〇一一年一一月一日

目次

第一部　政治を語る

聞き手・小嵐九八郎

小嵐九八郎（こあらし　くはちろう）

作家、歌人。一九四四年、秋田県能代市生まれ。早稲田大学政治経済学部卒業。一九九五年、『刑務所ものがたり』で第一六回吉川英治文学新人賞を受賞。著書に『蜂起には至らず——新左翼死人列伝』（講談社文庫）、『真幸くあらば』（講談社文庫）、『水漬く魂　五部作』（河出書房新社）などがある。

第一章　六〇年安保闘争と全共闘運動

1　一九六〇年と一九六八年のちがい

――これまで柄谷さんは、文学や哲学に関して多くのインタビューや対談をなされ、体験的な話をされていますが、政治的体験に関しては皆無ではないにしても、きわめて少ないと思います。世の中で、柄谷さんは、二〇〇一年のNAM《ナム》*1（New Associationist Movement）以来政治的になったと思われていますが、そんなことはない。実際には、柄谷さんの発言は一貫して政治的・実践的であったと思います。そして、その淵源《えんげん》は一九六〇年にあると、私は思っています。

柄谷さんにお聞きしたいことは数多くあるのですが、まず、六〇年安保闘争と七〇年安保・沖縄闘争*2前後の運動の同一性とちがいということです。第一に、六〇年は、日米安全保障条約の改定に反対する運動でした。柄谷さんがそれに参加されたことは知っています。それはどういうものであったのか。

つぎに、一九六七年一〇月八日に佐藤首相のベトナム訪問に対して羽田空港入り口の弁天橋や高速道路入り口などで学生デモがあり、それに続いて、六八年、六九年と日大・東大闘争の学生運動―全共闘運動がピークになっていきます。六九年一月一八、一九日には東大安田講堂砦《とりで》*3戦が闘われました。そして、七〇年以後運動は急速に衰微していった。この時期、柄谷さんはすでに新進文芸批評家でしたが、それをどう見つめておられたか。また、いま振り返ってどう思われているのか。

僕は世代論的にものを考えないようにしてきました。僕が若いころ、世代論がいつも流行っていた。『太陽の季節』（石原慎太郎《いしはらしんたろう》著、一九五六年）、『われらの時代』（大江健三郎《おおえけんざぶろう》著、一九五九年）、『されどわれらが日々――』（柴田翔《しばたしょう》著、一九六四年）といった小説がそうですね。それは、政治的に挫折してわれわれは若くして老いてしまったというものから、われわれは情けない先行世代とはちがう、新しい感覚と思想で既成秩序に挑戦する世代だ、というものに及ぶ。だから、僕は自分が、世代論で語ることはけっしてやるまいと思いました。自分の考えが新しいとしたら、それは普遍的に新しいのであり、たんに若い世代だから、ということではない。少なくとも、そういうふうにしたいと思った。

世代論、あるいは世代という事実を一般に否定するわけじゃないですよ。ただ、たとえば、若い人たちが「自分たちの世代は」という場合、滑稽な感じがする。前の世代も同じことをいってきたからです。それは年寄りの場合も同じですよ。古代メソポタミア（シュメール）の文書に、「いまどきの若者はけしからん」というような言葉が出てくるらしい。こういう世代の問題は昔からあった。だから、世代といっても、それが何か普遍的な認識を含んでいないなら、意味がない。

僕は一九六〇年に大学に入学し、全学連の安保闘争に参加した、いわゆる「安保世代」です。しかし、いまは、「安保世代」なんて言葉は、意味をなさないでしょう。僕もいうつもりはありません。実際、一度もいったことがない。それに対して、「全共闘世代」とか「団塊の世代」とかいう言葉はいまでも使われていると思います。それは、全共闘世代の人たちは世代論が好きだったから、とはいえない。「安保世代」の人もやはり世代論でものをいっていたと思うから。では、なぜ、「全共闘世代」とか「団塊の世代」という言葉が残っているのかといえば、それがグローバルに同時代的な現象だったからだと思います。もちろん、アメリカなら、それをthe 68ersとか、baby boomersとか呼ぶわけですが。

しかし、僕は自分が「全共闘世代」ではない、ということを強調したいのです。もちろん、僕はわずかな年代の差を誇張したいわけじゃない。一九六〇年と一九六八年といっても、若い人たちには意味をなさないでしょうね。だいぶ前のことですが、コロンビア大学でフランコ・モレッティという文学批評の教授と話していたら、彼は六八年にイタリアで活動していた、という。いまでも、兄弟（ナンニ・モレッティ）がイタリアで映画監督をしていて、活動家でもあります。そのモレッティが何かの話から、「君と僕は同じ六〇年代人（シックスティアズ）だ」というんです。僕は、いや、ちょっとちがうといいはじめた。ところが、僕は六〇年だ、といっても、説明が難しい。面倒くさくなって、説明するのを途中でやめてしまった。実際、僕が「六〇年代人」であることは、まちがいではないからね。それでいい、と思った。日本においても同じです。いまの若い人は外国人のようなものだから、六〇年と六八年のちがいなどといっても意味をなさない、と思う。だから、積極的にいう気はしません。

しかし、ちがうことはちがうのです。たとえば、ヨーロッパ、とくにフランスの場合、左翼の学生・知識人の間で共産党の権威が失墜したのが一九六八年です。だから、画期的なものとみなされる。しかし、日本では、それが一九六〇年に起こった。六八年の時点では、共産党の権威はまったくなくなっていました。また、六八年の時点では、新左翼の運動はほとんど学生に限られていて、労働運動や農民の運動はすでに衰退していたと思います。フランスの五月革命の場合、そうではなかった。新左翼や学生の運動は、労働組合や共産党と並ぶかたちで存在していた。その意味では、むしろ、日本の「六〇年」に似ていたのです。もちろん、七〇年以後には、ヨーロッパの新左翼運動も日本と同じようなかたちになっていったのですが。

いまや「六八年」というと、世界中どこでも共通したことが起こったようにみえるけれども、そうではありません。また、そのような同一視ができる面があるけれども、同時に、その内容はちがったものだった。たとえば、アメリカの場合、旧左翼の運動は一九五〇年代にマッカーシズムで壊滅させられていた。六〇年代半ばから、公民権運動（黒人解放）とベトナム反戦運動を契機にして左翼運動が出てきた。それは旧左翼と無関係な新左翼でした。そういうちがいがあったにせよ、一九六八年において、欧米と日本において「スチューデント・パワー」を中心にした新左翼運動が出てきたことは共通しています。また、小田実《おだまこと》らの「べ平連」（「ベトナムに平和を！市民連合」）[*4]のように、アメリカの運動と直結したものもあった。だから、欧米での議論から影響を受けると、日本の運動もそれと同じようにみえてきます。

にもかかわらず、僕は一九六〇年と六八年を区別したい。それは、別に、日本では新左翼の運動が西洋より早く六〇年に起こったということをいいたいからじゃないのです。日本で一九六〇年にそのような運動が起こったのは、日本独自の事情があったからではありません。新左翼にかんしては、そこにいたるプロセスに世界的な共通性があった。それは、五六年のハンガリー革命[*5]にはじまるものです。そのへんからロシアのスターリン主義への批判だけでなく、マルクス・レーニン主義に対する根本的な疑いが起こった。そこから、世界各地で、新左翼運動が出てきたわけで、日本もその一環です。

日本でそれが早かったのは、一つには日本共産党がひどかったからでしょう。ヨーロッパの共産党は、コミンテルン（ソ連）のいいなりにならない独自の伝統をもっていた。フランスでは、共産党は、ドイツの占領下でレジスタンスを行った、事実上唯一の政党だったし、イタリアでは、獄中で死んだグラムシの影響を受けた共産党が柔軟な政策をとっていた。スターリン批判が起こっても、ただちには各国共産党の批判には結びつかなかったのです。そのような批判がこぞって出てきたのが、一九六八年です。これは、スターリン主義批判を超えて、いわゆる「初期マルクス」のみならず、彼と同時代のプルードンその他の、さまざまな社会主義思想家を復権させるものでした。

その点では日本でも同じです。では、日本ではなぜ一九六〇年だったのか。ここには、西洋の尺度では考えられない問題がふくまれています。つまり、日本の近代史に固有の問題が多くふくまれていた。当時、僕はそのことを自覚していなかったけれど、あとでだんだんとわかってきたことがあります。

たとえば六〇年安保闘争のとき、僕は学生運動に参加したわけですが、当然、学生だけがいたわけではない。七〇年となると、デモはほとんど学生に限定されていました。しかし、六〇年では、あらゆる階層と世代が参加していた。実際、全国で一〇〇万人を超えるデモが連日のようにあったわけですから。労働組合も強かった。六〇年の六月には、国鉄のストライキが二度あって、全国で鉄道がとまったのです。これが日本の歴史において、未曾有の出来事であったことに注意してほしいと思います。

さらに、知識人も多種多様でした。たとえば、戦前派の清水幾太郎《しみずいくたろう》、丸山眞男、埴谷雄高《はにやゆたか》、竹内好《たけうちよしみ》から、戦中派の吉本隆明《よしもとたかあき》、鶴見俊輔《つるみしゅんすけ》、さらに、戦後派の江藤淳《えとうじゅん》にいたるまで、さまざまな人たちがいろんなかたちで、それぞれの課題をもって参加していたわけです。その意味で、六〇年というのは、近代日本のあらゆる問題が凝縮されたかたちで出てきたもので、それを総合的にとらえる必要がある。新左翼の観点だけでみると、六〇年安保闘争を理解できないと思います。それは、日本の歴史的文脈をとっては語れないものです。

ヨーロッパの新左翼運動は、ある意味で、ソ連型の社会主義に対して西洋の市民社会の伝統を回復するものでした。しかし、日本にはそんなものはなかった。むしろ、一九六〇年に初めて、市民社会的なものが出てきたのです。安保闘争をみて、丸山眞男や久野収のような知識人が、日本にやっと市民社会あるいは市民的な民主主義が定着したというようなことを感動とともに語りました。当時、僕はその意味がよくわからず、たんにばかにしていましたけど、いまはわかるような気がします。

「六〇年」にあたるようなものは西洋にはありません。しかし、韓国にはあります。まさにこの年、李承晩《イスンマン》を倒した韓国の学生運動があった。それは安保闘争と重なっていました。当時日本の学生はそれを強く意識していましたね。六〇年四月のデモでは、「韓国の学生に続け」というようなアジテーションがあったのを覚えています。その後韓国でどうなったかがよくわからないままに、六一年に朴正熙《パクチョンヒ》のクーデターが起こった。

一九六〇年は韓国にとって大きな意味をもつものです。それが一九八〇年の光州《クアンジュ》事件[*6]を経て、九〇年以後の民主化につながっていきました。つまり、「六〇年」が根底にあるわけです。これはもっぱら韓国の歴史的文脈にもとづいていて、世界的な新左翼の動向とは関係がなかった。その意味で、日本の一九六〇年は、いわば、西洋と韓国の中間にある。それは、一方で、欧米に出てきたような先端的問題を共有するとともに、後進国あるいはアジアがもっている固有の問題を共有していたわけですね。

一九六〇年の安保闘争は、その見方によっては、どちらにも解釈できます。たとえば、最初の新左翼運動とみることもできるし、最初の市民運動、あるいは反米ナショナリズムの運動ともみることができる。

しかるに、日本の「六八年」にはこうした多義性はありません。その意味で、世界同時性というか、西洋と共通した問題として理解できるものです。たとえば、六〇年の安保闘争は、一九五五年からはじまった高度経済成長の最中に生じたわけです。六四年には東京オリンピックが開催された。この間に、農業人口の比率が急激に減っています。それまでは、日本は半ば農業国でした。六〇年以後大学への進学率が急激に上がった。大学生がエリートであった時代ではなくなった。ポスト・インダストリアルな社会に転移しつつあったわけです。日本の「六八年」は、このような変化の結果として生じたのです。

昨今、中国やインドなどで、われわれが六〇年代に経験したような急激な変化が起こっています。だから、僕は、「六〇年」から考えるほうが、「六八年」から出発するよりも、もっとグローバルな問題を考えられるのではないかと思います。その意味で、僕は「六〇年」の人間ですね。このことを、いまの若い人に説明するのは難しいのですが、年号という観点から考えてみるといいのではないかと思います。

僕は昔ある論文（「近代日本の言説空間」『定本柄谷行人集5　歴史と反復』［岩波書店、二〇〇四年］所収）の中で書いたのですが、たとえば、「昭和」という言葉が意味をもつのは、昭和三〇年代までですね。最近でも、昭和三〇年代を取り上げた「ALWAYS　三丁目の夕日」という映画が流行りましたね。以前から、漫画の『こちら葛飾区亀有公園前派出所』では、「昭和三〇年代」が特権化されていた。昭和三〇年代というと、このように日本的文脈が出てきます。ところが、一九六〇年代というと、何かグローバルになるんです。

昭和三〇年代は、西暦でいえば、一九五六年から一九六五年までですね。しかし、そのあとを、昭和四〇年代とはいわない。一九七〇年代という表現のほうになじみがあるはずです。たとえば、一九六〇年＝昭和三五年ということは成り立つけれども、一九六八年の場合は、昭和四三年とはいいません。むしろ、「昭和」が消えてしまう。

その意味で、六〇年には、グローバルな問題があると同時に、「昭和」という言葉がはらむような、日本に固有の問題がある。といっても、それも別の意味で、普遍的な問題なのです。僕は、これらの両方を同時に考えてきたといっていいと思います。意識的にそうしてきた。その意味で、六〇年と六八年の差が大事です。といっても、僕と同年代の人が同じように考えているとは思わない。だから、これは世代論ではないのです。認識の問題です。

2　社会主義学生同盟の再建

――僕は一九六四年に大学入学です。柄谷さんとあまり変わらないんですが、ちがうということがわかりました。話がいきなり変わりますが、革命的共産主義者同盟[*7]がぐっと前面に出てくるのが、安保闘争が終わった後の六〇年から六一年にかけてですね。そういう時は、どういうことを考えられましたか。

一九六〇年の学生運動を主導したのは、旧ブント[*8]ですね。そのブントは分派的論争のあげくに、翌年春に解散しました。僕は東大駒場の寮で、「社会科学研究会」の部屋に住んでいた。すなわち、ブントの活動拠点にいたわけです。しかし、正式にブントに入ったという記憶がない。ブントは一九五八年に共産党から飛び出てきた連中がつくった組織です。だから、いろんな意味で共産党の続きですから、入るのにいろんな通過儀礼があったはずです。しかし、六〇年以後にそんなものはなかった。ブントは事実上、その学生組織である社学同（社会主義学生同盟）と区別がなくなっていました。ブントはレーニン主義的党（少数精鋭の前衛党）をめざしていたのですが、安保闘争の高揚のなかで、学生の活動家組織と同じようなものになっていた。しかし、僕はむしろそれでいいと思っていました。僕より少し年上の人、たとえば、西部邁《にしべすすむ》などは共産党を経由していますが、僕は共産党を知らない。しかし、ある意味では、ブントも知らないのです。

このような事態は六八年以後にもくりかえされています。六〇年代後半の新左翼運動は、ブント・中核・解放派の「三派」[*9]によってつくり出されたわけですが、それらはどれもレーニン主義的な前衛党の再建をめざすものでした。しかし、いったん運動が高揚しはじめると、そんなものは関係がない。現実の運動から、「全共闘」が出てきたわけです。全共闘は、評議会（カウンシル、ソヴィエト、レーテ）の一種です。しかし、誰かがこれを考案して実行したというわけではないのです。

たとえば、日大闘争[*10]の場合、もともと党派の活動家がいたでしょうが、ほんの少数ですね。僕は日大文理学部のすぐ傍に住んでいたから、よく見物していたのですが、たとえば学生たちは、最初は校歌のようなものを歌っていた。「インターナショナル」の歌など知らなかったのです。それが、二カ月ぐらいで、巨大な運動体に成長した。これはいわゆる「大衆の自然成長性」ですね。

ハンナ・アーレントが、六八年ごろ、評議会というのは、古代の氏族制社会からあるもので、政治理論として考案されたようなものではない、と発言しています。それは、誰に教えられていなくても、実現されてしまう。逆にいうと、教えたからといって、実現されるものではない、と。

六〇年ブントは三派に分かれて論争したのですが、面白いことに、三派はそれぞれ、マルクスの三つの要素を代表するものでした。つまり、哲学（ドイツ）、経済学（イギリス）、組織論（フランス）です。この論争の間、駒場のグループは中立の態度をとりました。僕はこの三つのどれかを選ぶことはできないと考えた。ブントが解散したあと、一九六一年五月に、僕は「社会主義学生同盟」（社学同）の再建を構想しました。そこで、まず、駒場で社学同を再建した。そして、それをもとにして全国的な社学同再建のアピールを書いた。僕は、社学同再建にあたって、前衛党としてのブントをめざすことを否定しました。僕が考えていたのは、事実上「全共闘」のようなものだといってよいと思います。

——この論文は、無名の学生によって書かれたということになっていますが、一部では有名な論文で

すね（笑）。

僕はじつは読みかえしたことがない。読みたくもない。ただ、この前、絓秀実《すがひでみ》に会ったら、あの論文について、「文体がいまとまったく同じですよ」といっていた（笑）。その秋には、全国社学同が結成されたのですが、その時点で、僕は降りました。

――「降りた」のは、どうしてですか。

さまざまな矛盾を感じたからですね。社学同再建において、僕は学生のことしか考えていなかった。しかし、それでは、学生以外はどうなのか、学校を出たらどうするのか、という問題があった。それは、持続的に活動をやっていくのか、それとも、何もしないで、大衆運動の自然発生性にゆだねるのか、という問題です。そんなことは初めからわかっていたことだけれども、当面、考えないようにしていただけです。

そもそも、個人として、ずっと運動をやっていこうとしたら、どうするのか。運動が高揚している間はよい。しかし、運動が衰退してきたら、活動家は今後もずっと続けるためにはちゃんとした組織が必要である。ということで、六〇年ブントの幹部は大体、革共同（革命的共産主義者同盟）に行ったのだと思う。むしろ、そのためにブントを解散した。彼らの気持ちはよく理解できるのです。

革共同はもともと黒田寛一《くろだかんいち》の読書サークルのようなものであって、安保闘争においてはブントに追随していた。「前衛党」の理論はあったけれども、頭デッカチで、学生活動家はろくにいなかった。だから、ブントを解散して参加した連中がただちに革共同の中心になったわけです。しかし、旧来の革共同からみると、この連中はすぐに暴れたがるプチブル急進主義者だということになる。その結果として、まもなく革共同の分裂（中核派と革マル派*11）が起こったのだと思います。僕は、彼らのような考えにまったく反対でしたが、ではどうしたらいいかというと、わからなかった。

社学同もまもなく、関西ブントを中心にしたブント再建派によって握られた。実際、それは六〇年代後半には党になっていったのです。とはいえ、ブント系にはどこか体質的にアナーキズムがあるんじゃないでしょうか。だから、全共闘の中心は、大体、ブント系だと思いますね。逆に、これをプチブル的なものとして過剰に自己否定した連中が、連合赤軍*12に行ったのだと思います。

――社学同から降りたあたりで、文学に進まれたわけですか。

　そうですね。とにかくずっと運動を続けようと思う場合、可能な選択肢は三つぐらいしかない。党を結成するか、大学に残って学問をやるか、または、文学をやるか、です。職業としては、編集者もある。しかし、どれも容易ではないのです。大学に残るにはちゃんと勉強しなければならないし、文学をやるには才能がなければいけない。甘いものは一つもない。

　僕は再建された社学同に対してすぐにいやになったのは、彼らが政治的であったからではないのです。いわば彼らが「文学的」であったからですね。もちろん、それは中途半端の文学であって、文学とは無縁です。それは、よく世の中で「詩的」といわれるものが、詩とまったく無縁であるというのと同じです。文学は「文学的」ではない。文学には、才能と同時に労働が必要だ。才能と同時に、こつこつやる必要がある。

　僕は運動においてアナーキズムを認めるけれども、いわゆるアナーキストは好きになれなかった。彼らはほとんど三流の文学者・芸術家にすぎない。文学をやるのなら、根本的にやらないといけない、と思いました。政治活動と同じ覚悟が必要だ。中途半端に「政治と文学」をやることはできない、と。

　こういう問題は、一九七〇年、全共闘運動が衰退したときにも生じたと思います。やはり、選択肢は三つしかなかったのではないでしょうか。セクト（党）に入るか、学問をやるか、文学をやるかです。もちろん、就職しても何らかのかたちで、革命運動に関与することができればよいわけですが、事実上、それは難しい。

　実際に、全共闘が衰退したとき、活動家はセクトに分解しました。セクトを拒否した人たちの多くは、大学に残るか、就職するかした。その場合、文学を選んだ人が多いと思います。つまり、現実にできないことを、文学の上に、想像力に求めるという方向をとったと思います。これはフランスなどでも同じです。フランスの「現代思想」は、ある意味で、六八年五月革命[*13]の挫折から、文学に活路を見出すものだったと思います。哲学といっても、実際は、文学的なものでした。

　ただ、僕は、一九七〇年ごろ、そういう流れとは、ちょっとちがう感じがあったのです。基本的には同じです。ただ、それが初めてではなかった、ということです。六八年から七〇年にかけて起こったことは、ある意味で、六〇年代初期に起こったことの反復だったからです。それは全共闘世代の人にとっては、初めてであったろうけれども、僕にとっては二度目でした。六一年の段階で、僕には何の解決もなかった。けれども、ともかく、その問題をよく考えてはいました。だから、七〇年代に、僕の反応はかなりちがっていたのです。

――そのあたりのことをもっとおうかがいしたいですね。

たとえば、七〇年代には新左翼のなかから、マルクス主義の批判が出てきました。「マルクス葬送派」というようなものもあった。これは、フランスの毛沢東《もうたくとう》派くずれの「新哲学者」の影響だったと思います。日本の六〇年代の毛沢東主義自体、フランスを経由したものでしたが。しかし、僕はばかばかしいと思っただけです。

というのは、僕はそもそも六〇年代の毛沢東主義をばかばかしいと思っていたからです。日本では、一九五〇年代に、中国革命にかぶれて、山村工作隊[*14]という、山岳ゲリラのようなことがなされた。当時の共産党（主流派）は、日本の農村を中国の農村と同一視していた。これではうまく行くはずがない。だから、挫折し、転向した人が多いのです。いま、名をあげると、みんなが驚くような人たちがこぞって山村工作隊に参加していたんですよ。

僕はそういうことを知っていたから、六〇年代後半に、またまた毛沢東崇拝者が出てきたのにはあきれた。「銃口から革命が生まれる」という毛沢東の言葉にしたがって、銃撃戦を賛美した。それが実現されたのがあさま山荘事件です。そのほかに、フランス経由のマオイズムもありました。トロツキストが毛沢東の文化革命を「永久革命」だといって称賛した。そして、それとともに、フランスでは、毛沢東に西洋近代を超える思想を見出す連中が出てきた。もちろん、彼らは七〇年代に入って、そこから転向しました。そこで、新哲学者と称して、マルクス主義は終わったとかいいはじめたわけです。

しかし、そんなものは少しも新しくない。六〇年代にも、「マルクス主義は終わった」という合唱がありました。たとえば、清水幾太郎は六〇年安保において全学連と共闘しましたが、翌年には、マルクス主義の全面的批判をはじめた。「イデオロギーの終焉」という言葉が流行した。また、経済学では、宇野学派から近代経済学のほうに移行した人がかなり多かった。青木《あおき》昌彦《まさひこ》や西部邁がそうですね。僕は経済学部の学生だったから、もし経済学を続けていれば、そうしたかもしれませんね。しかしそうするかわりに、僕は経済学をやめてしまった。逆に、文学に移ることで、マルクスの「経済学批判」を再考するようになったのです。

とにかく、一九六〇年の後に、一度、マルクス主義運動は死んでいたのです。その後で、僕はマルクスに戻った。というか、初めてマルクスを真剣に読むようになった。たとえば、七四年に「マルクスその可能性の中心」を文芸誌の「群像」に連載したのですが、その当時、〝いまどき、何で、マルクスをやるの〟という反応がありましたよ。しかし、六〇年代の前半にもそういう風潮があったのです。僕がマルクスについて考えたのは、ばかなマルクス主義者だった連中がマルクス主義をばかにするようになった時期からです。

3　安保闘争からみえてくるもの

――そこから「国家」「ネーション」「資本」への考察と深められたわけですか。

そんなことはないですよ。資本主義についてはだいぶ考えたけれども、いまから思うと、国家やネーションについては何も考えていないに等しかった。もちろん、それをいつも気にしていましたよ。日本に限らないけれども、マルクス主義の運動は、つねに国家とネーションの問題に躓《つまず》いてきたからです。天皇制の問題もその一つです。

もともと、マルクス主義では、国家やネーションを、経済的下部構造に規定される上部構造として扱ってきた。しかし、ファシズムの後では、そうはいかないので、上部構造の相対的自律性をいうようになりました。ドイツではフランクフルト学派は精神分析を導入したし、日本では、丸山眞男が社会学を導入した。さらに、吉本隆明は「共同幻想論」のようなことを考えた。また、アンダーソンがネーションを「想像の共同体」として考察した。しかし、根本的に変わったわけじゃない。国家やネーションをイデオロギー的上部構造とみる点においては。

しかし、明治以来の日本の経験に照らしてみれば、国家やネーションは明らかに能動的な主体としてあるわけです。事実、日本では、資本主義経済は、国家によってつくり出された。それは日本製鐵をみればわかります。それは最初、国家によってはじめられ、あとで民営化されたのです。そのような経験から考えていくと、国家やネーションを、たんに表象や上部構造としてすますような考え方ではだめだということがわかります。幻想や表象なら、啓蒙でとり除けるはずです。しかし、国家やネーションはたんなる幻想や表象ではなく、それ自体（経済的な）交換様式に根ざしているのです。それは、資本が商品交換様式に根ざしているのと同じです。

――そういう関心は、国家とのかかわりであり政治そのものであった六〇年安保闘争と関係がありますか。

そうですね。僕が国家やネーションの問題をつねに考えるようになったのは、やはり、六〇年の問題と関係がありますね。六〇年安保では、争点は条約の改定にあった。これは、日本とアメリカ・アジア諸国との国家的関係を決定するものです。そして、安保闘争には、はっきり勝ち負けがあった。条約改正を阻止できなければ、敗北です。

しかし、六八年ではそういうことはもうなかったのです。ベトナム反戦とかいっても、日本が国家として戦争に行くわけではないからね。日本の中で、ベトナム反戦と唱えているだけだから。「大学解体」とかいっても、勝ち負けの問題ではない。そもそも、個々の大学がつぶれても、たいしたことではないし。しかし、逆にいうと、そこから新しい運動が出てきたともいえます。小さな大学を封鎖しているだけであっても、それは直接に世界とつながっている、あるいは、世界そのものだ、といえるわけです。ミクロとマクロが照応している。

また、それまでは階級闘争が重視されて、ジェンダーとかマイノリティーとかいった問題は二次的・副次的と思われていたわけですが、六八年では、そういう考え方が否定された。

また、国家のようなマクロの政治や権力が重視されていたのに、ミクロの権力あるいはマイクロ・ポリティクスという領域に移った。それは六八年以降の現象だと思います。このような転換は重要だと思う。ただ、その過程でマクロの次元、国家やネーションという次元を、簡単にかたづけてしまったと思うんですよ。

その一人はフーコーですね。フーコーはアルチュセール、というより、もっと根本的にグラムシの「ヘゲモニー」という概念から学んだと思うんですが、国家を暴力装置だけでなく、イデオロギー装置としてみる考えからはじめた。その意味で、通常のマルクス主義者とちがって、国家が暴力を独占することによって成立した権力にあるだけでなく、さまざまなイデオロギー的教育的装置のなかで機能しているのだと考えた。権力はむしろ同意にもとづく力（ヘゲモニー）としてある、と。だから、彼は、中心にあるのではないような権力、みえないようなミクロの権力を強調した。いわば、マクロの政治に代わって、ミクロの政治学を強調したわけです。

これはいいと思う。政治闘争の力点が、階級問題からフェミニズム、ゲイ、その他マイノリティーの問題に移行したとき、こうした見方が助けになったからです。しかし、同時に、これは国家に関する見方をゆがめるものだと思います。グラムシもそうですが、国家が他の国家に対して在ることをみていない。国家が成立したのは、共同体が他の共同体を継続的に支配することによってです。共同体が拡大して国家に転化するとか、その内部で階級対立が生じて国家ができたというようなことはありえない。

みえないミクロの権力について、フーコーは語った。しかし、ミクロだからみえないのではなく、マクロな権力である国家もみえないのです。われわれは国家をどうしても内部から考えてしまう。それでは、国家はみえないのです。

たとえば、日本でよく「アメリカはこう考えている」というようなことをいいますね。しかし、アメリカ人に聞いたら、それはブッシュ政権の考えにすぎない、とかいうでしょう。同様に、「日本はこう考えている」と外国人がいう場合、われわれは、どこの誰がそんなことをいっていやがるんだ、と思うでしょう。最近でも、オーストラリアなどで、日本が捕鯨を維持し拡大しようとしていると批判している人たちが多いのですが、しかし、日本でいつそんなことを決めたのか、僕は知らない。聞いてみると誰も知らない。にもかかわらず、どうも日本国家はそのような方針をもっているらしい。政党や政治家の意見とは異なる、国家の意志があるわけです。

つまり、一国が何か意志をもった主体であるということは、外からみないとわからないのです。お互いにそうです。内からだけ考えていると、国家の意志というものはみえない。たとえば、フランス人は一般に、日本では何でも国家官僚がやっているとみています。そして、フランスではそうでない、と。しかし、そう思っているのはフランス人だけです（笑）。外からみれば、フランスほど官僚がやっている国は少ない。ルノーのような会社は事実上国営と同じです。実際、この前まで国営だった。知識人も同じです。たとえば、エコール・ノルマル（フランス国立高等師範学校）の学生は学生というよりも、給料をもらう官吏です。ところが、ノルマリアンであるフーコーは、自分が官僚出身であるということにまったく気づかないのです。フランスの内部にいると、フランスの国家がみえないということの一つの証明です。

ついでにいえば、ネグリのような人たち、いわば、「六八年」のタイプには、国家論が抜けていると思います。それは、国家をその内部だけからみることになります。「国家は他の国家に対して存在する」という認識がない。だから、国家を否定することも簡単にみえるのです。

――六〇年安保と七〇年安保の連続性と非連続性という柄谷さんの主張がわかりました。国家をどうみていくのかという眼差しもわかります。

僕はどちらが優越しているといっているのではなく、両方の視点がいるといっているのです。たとえば、一九九〇年以降、日本では、とくに湾岸戦争以後に、国家が突然、露呈してきたという印象があると思います。9・11やイラク戦争によって、それが深まった。しかし、別に突然そうなったわけではない。ただ、それをみないできたから、突然のように思われるだけです。

――あと、党派闘争、通称内ゲバの問題がありますが。

内ゲバは、論争の問題を暴力的に解決しようとしたことに発したわけですね。しかし、人を殺しても意見は殺せない。つまり、暴力によって思想を殺すことはできない、と僕は思う。殺す者は結局、滅びるほかない。たしか一九七一年ごろ、新左翼で最初の内ゲバ殺人事件があったときに、僕は「日本読書新聞」の時評にそう書いた覚えがある。いまもそう思う。

第二章　思想家として歩む

1　六〇年代

——一九六〇年の政治体験についてうかがいました。ここで、柄谷さんの一九六〇年代、七〇年代、八〇年代、九〇年代、それから二一世紀のお仕事の歩み、それぞれの時代のお仕事の課題や重点をお聞きしたいのですが。まず、大学では経済学を専攻されたわけですね。それは、ブントの運動からきているんですか。

ブントには、青木昌彦から西部邁にいたるまで、経済学部の学生が多かったことは事実です。しかし、僕が経済学部に進んだのは、それと関係がないですね。僕が経済学、というより宇野《うの》弘蔵《こうぞう》をよく読んだのは、大学の一、二年のころです。本郷の経済学部に進学してからは読んでいません。当時、宇野弘蔵は退官していましたが、経済学部には宇野派の教授が大勢いました。しかし、僕は経済学に興味をもてないので、授業にも出なかった。すでに文学をやることに決めていましたから。つまり、経済学部に進んだのは、運動と関係がない。むしろ、文学部に進みたかったが、そうできなかっただけなのです。

僕は東京大学の文科一類に入学しました。当時、文科も理科もそれぞれ一類と二類しかなくて、文科一類からは法学部か経済学部に進学できたのです。法学部に行く気はまったくなかった。というのも、僕は大学受験の直前まで、理科一類志望で、急に文科に変えたのです。当時は文科も理科も試験科目が同じだったから、そういうことができたのですが。僕は数学をやろうと思っていた。同時に、文学をやりたいと思っていた。しかし、そのころは、どちらも天才が必要だと思っていたので、自分には無理だと思うようになったのです。それで、数学と文学の両方を満たすようなものはないか、と考えた。それなら、経済学ではないかと思ったのです。しかし、この考えは完全にまちがっていました。

僕はじつは、数理経済学を少しやりかけたのです。マルクスが生きていたら、絶対やるに決まっているから。しかし、経済学で使う数学のレベルが低いので、いやになりました。こんな数学じゃなあ、と思った。一方、経済学は人間を一定の観点からみるもので、文学とはほど遠い。

結局、たとえ天分がなくても、好きな文学をやろうということに決めたのです。それで、批評をやることにしました。これなら、どんなことでもやれるのではないか。『資本論』についても考えられる。哲学についても、数学についてさえも考えられる。実際、僕は一九七〇年代の終わりごろ、数学基礎論の問題をやったのです（『隠喩としての建築』、冬樹社、一九七九年／講談社学術文庫、一九八九年／定本柄谷行人集2、岩波書店、二〇〇四年）。

——経済学部へ進むと決めた契機はなんだったのですか。

では、なぜ経済学部へ進んだのかといえば、まだ文学をやる決心がつかなかったからです。文科一類では法学部の志望者は成績を上げるために勉強しますが、僕は経済学に行くのだから学校の勉強をしなかった。そのため、どこにも転科できなくなったのです。しかし、経済学部でもいいと思った。文学をやるのに、別に文学部に行かなくてもいいと思っていたから。

といっても、ときどき、フランス文学や哲学のゼミには出ていました。アテネフランセにも通っていました。しかし、経済学の授業には出なかった。それは毎年同じことをやっているからです。経済学部の試験は、出席と関係なく、年に一度あり、その年に受けなくても翌年にも受けられることになっていた。それは、講義内容が同じだからです。だったら、本を読めばいいのです。

ただ、卒業するためには、試験を受ける必要があるから、そのために勉強しました。それはいまでも役に立っていますね。たとえば、その一つは、鈴木《すずき》鴻一郎《こういちろう》教授の『経済学原理』。これは『資本論』を論理的に再構成したものですが、三つの過程からなっています。流通過程、生産過程、信用過程。これは、『資本論』の第一巻、二巻、三巻に対応します。試験問題は毎年、この三つのなかから一つ出るわけです。山を掛けて、その一つだけをやっていく、もしはずれたら、翌年受けるという手もありました。しかし、僕は全部覚えた。体系を暗記したのです。

そのとき、面白いと思ったのは、信用過程ですね。『資本論』でいうと、第三巻。もともと第三巻は、マルクスの死後、エンゲルスがノートを編集して作った本ですから、わかりにくい。宇野弘蔵というよりも、鈴木鴻一郎の『経済学原理』で、はじめてその体系性がわかったのです。

ふつう『資本論』というと、第一巻・第二巻しか読まないですね。ルカーチもアルチュセールも、第三巻を読んでいない。少なくとも精読していないということは明らかです。じつは僕もそうだった。試験があるから、精読してはじめて『資本論』が体系的な著作であることに気づいたのです。

第三巻は信用過程を論じています。第一巻・第二巻しか読まないと、『資本論』が、資本主義経済が「信用の体系」だということを論じていることがわからないのです。ふつうは、第一巻を読んで、資本は労働者から剰余価値を搾取しているというようなことで、資本主義を理解する。そして、マルクスはそういうことを書いているのだと思う。しかし、その程度のことなら、マルクス以前のリカード左派の人たちが書いています。彼らは「搾取」や「賃金奴隷」という言葉も使っていた。マルクスの独自性は、そういうところにはないのです。

――マルクスの独自性はどこに、と?

マルクスは、資本主義経済の全体系をつかもうとしたのです。マルクスは、初期から、貨幣あるいは資本制経済を、宗教批判を応用して批判しようとしていました。この課題を『資本論』で果たそうとしたのでしょう。これは史的唯物論の公式とは関係がない。史的唯物論では、経済的下部構造（土台）の上に、政治的・イデオロギー的上部構造があるということになっています。しかし、資本主義経済は、いわば、商品交換という下部構造から形成された、宗教的な上部構造としてあるわけです。

資本主義が信用の体系だということは、信用恐慌になるとわかります。しかし、どうしてそれは信用によってしか成り立たないのか。それは、交換の実現が容易ではないからです。たとえば、ある商品が、実際に売れるまで待っていたのでは、つぎの生産ができない。だから、売れたことにして、事を進める。その時に、手形が使われます。これが信用です。

信用によって、交換が増大し拡大する。だから、資本主義経済は、根本的に信用にもとづくのです。資本主義経済は、無数の信用の関係の網目からできている。そこに、いったんほころびができると、がたがたになる。それが「危機」（恐慌）です。信用にもとづくヴァーチャルな世界が壊れるからです。もっとも、これによって資本主義が崩壊するわけではない。不況になるだけです。その間に不良企業が淘汰される。そして、徐々に好況に向かう。資本主義には、そういう「景気循環」が不可避的にあるわけです。

僕は試験のためにとくに「信用過程」を精読して、はじめて、『資本論』の体系が理解できた。

――では、経済学をもっとやろうとは思わなかったのですか。

その時はもう文学をやると決めていたからです。だから、経済学部でなく、英文科の大学院の試験を受けた。だけど、そうだったからこそ、『資本論』を読んで、資本主義はまるで宗教的な世界だな、というようなことを考えたのであって、経済学者になろうとしたら、そんなことを考えないでしょうね。経済が下部構造のような堅固なものではなく、信用、信仰によって成り立つ世界だ、というようなことを面白いと思うのは、そもそも経済学者ではない証拠です。

さきほど僕は、経済学部に進んでから、宇野弘蔵の本を読まなかったといいました。ただ、宇野がいった幾つかのポイントは、その後もずっと記憶していましたね。経済学を離れてからも考えていた。

一般にマルクス主義者は、恐慌は資本主義の崩壊、社会主義の到来をもたらすと考えますが、宇野弘蔵はちがった。彼は、『資本論』に書かれているのは、恐慌の必然性である、しかし、それは革命の必然性や社会主義の必然性ではないのだ、といったわけです。資本主義は、「労働力商品」という特殊な商品にもとづくので、恐慌や不況を避けることができない。しかし、宇野は、資本主義経済から社会主義が必然的に出てくるものではない、と考えた。社会主義は、倫理的な問題だ。つまり、各人の自由な選択の問題だ、と。

僕は、社会主義が実践的（倫理的）な問題だ、という宇野の考えに影響を受けましたね。それをずっと考えてきた。宇野の考えはマルクスというより、カントから来ていると僕は思う。そのことに気づいたのはだいぶあとで、僕が『トランスクリティーク――カントとマルクス』（批評空間、二〇〇一年／定本柄谷行人集3、岩波書店、二〇〇四年／岩波現代文庫、二〇一〇年）を書きはじめた一九九〇年ごろですね。

ついでにいっておくと、当時、宇野を読んだのはブントとか新左翼だけではないですよ。いまは忘れられていますが、宇野の『経済原論』は、当時、東大の経済学部だけでなく法学部の学生にとっても必須科目でした。それをとらないと卒業できない。左翼であろうとなかろうと、皆、宇野を読んだ。皆、それを学んで、官庁や大企業に行ったわけです。もちろん、宇野はそのような選択を非難しない。どうするかは、各人の自由な選択だからね。

宇野がいったのは、君らは何をしてもよい、しかし、資本主義には根本的な弱点がある、恐慌は不可避的だ、それを覚えておけ、ということです。宇野経済学を学んだ官僚や企業幹部が、その後それをどう活かしたかは知りませんけど、市場経済万能論を学んだ人たちよりはましでしょうね。いまのように恐慌が起こると、途端にうろたえ、資本主義が終わる、なんていって騒ぐ人がいますが、資本主義が自動的に終わることはない。国家と資本は何をしてでも生き延びようとしますから。

2　文学批評へ

――大学院で英文学科に進学されたのは、なぜですか。

僕はフランス文学を読んでいたし、アテネフランセにも通っていました。しかし、フランス文学科に行かなかったのは、大学院を受けるには、卒業論文を提出しなければならないと聞いたからです。つまり、学士入学してやり直さないといけない。英文科だと、論文が不要で、試験だけでよかった。だから、英文科の大学院を受けた。といっても、実際は、僕はなんとなくフランス文学に対する反感が多少あったのです。日本の文学批評は、小林秀雄《こばやしひでお》以来、皆、フランス文学経由でした。さもなければ、ドイツ哲学になる。そのどちらも型通りでいやな感じがした。それに対して、英文学は軽視されてきた。しかし、面白い人は、むしろ英文学系ではないか、と思ったのです。そもそも夏目《なつめ》漱石《そうせき》がいる。

それに僕は、大学の教師になることをまったく考えていなかったのです。物書きになろうと思っていたから。英文科に行っても同じです。専攻する気持ちはなかった。大学院に入れば、しばらくぶらぶらしていられるだろう、と思っただけです。学部の学生として留年しているよりはましだ、と。まあ、親に余計な心配をかけたくないという気持ちがあった。ところが、まったく予期しなかったのですが、英文科の学生は修士課程を出るとすぐに専任の職があるのです。もちろん、語学教師です。だから、それがわかったので、二年でさっさと大学院を出て、英語の教師になりました。

さっさと出るために、修士論文はローレンス・ダレルの『アレクサンドリア・カルテット』を選んだ。参考文献がほとんどなかったから。僕はここでヘーゲルの『精神現象学』を適用したのです。英文科でヘーゲルを読める人などが英米にもいなかった時代です。論文を審査した大橋健三郎《おおはしけんざぶろう》教授の勧めで、それを日本語に書き直して雑誌に発表しました。修士論文ですぐに原稿料をもらった例は少ないと思う。本当は、その気があれば、英語でも出版できたはずですね。しかし、英文学への野心がまるでなかった。英語の教師になりましたが、英文学の教師ではないから、楽なものですよ。予習もしないでいい。物書きには向いていました。結局、それを三〇年ぐらいやりました。

――一九六九年、群像新人賞の評論部門を、「漱石論」で受賞されたわけですね。

そうです。それから数年は、文学批評家として活動しました。この時期は、古井由吉《ふるいよしきち》・後藤明生《ごとうめいせい》・黒井千次《くろいせんじ》などの、いわゆる「内向の世代」が出てきたころで、僕は彼らを擁護し代弁することになった。彼らは、非政治的で「内向的」だということで批判されたのですが、「内向的」であることが、別に非政治的であるわけではない。われわれは一度深く「内向的」になるのでなければ、真に外に向かうことはできない、というようなことを書いたんですね。

この時期は全共闘の時代でした。しかし、僕はそれに迎合するようなことはいっさい書かなかった。物書きとしては、むしろ、いつも批判的でした。じつは、僕は日本医科大学で、他の講師や助手と一緒に四人で、授業を拒否して退職したのです。いわば「造反教員」だった。しかし、それと、文学のレベルは別です。たんに主題として左翼的であるような文学は認めない。というわけで、この時期、全共闘の活動家のような人が、僕のものを読むことはなかったでしょうね。あとで聞くと、結構、読者が多かったようなのですが、当時は知らなかった。

たとえば、「意味という病」というエッセイ（一九七二年）は、マクベス論なのですが、連合赤軍の事件を念頭において書いたものです。しかし、これは六〇年代の初めから考えていたことなのです。先にもいったように、安保闘争のあとに、「マルクス主義は終わった」という合唱があった。七〇年以後も、歴史に目的はない、意味はない、という声が出てきた。八〇年代には、それがポストモダニズムとして風靡《ふうび》した。そして、九〇年代には、それが常識となった。しかし、そうはいかないんですよ。「意味という病」は片づかない。現に、宗教的原理主義があるでしょう。今後にも、「意味」にとりつかれた人たちが出てくるに決まっています。

――「マルクスその可能性の中心」を雑誌「群像」に連載されたのは、一九七四年ぐらいですか。

そうですね。それまで、狭義の文学批評を書いていました。しかし、小説を論じるだけが批評ではない。少なくとも、僕がやりたかった批評ではない、と思っていました。そう思っても、ある程度、批評家として存在を確立しないと、好き勝手なことはできません。

「群像」で「マルクスその可能性の中心」を連載するようになったのは、編集部の都合でたまたまそういうことになっただけなのですが、幸運でしたね。それまでの文芸誌ではそういうことはありえなかったからです。しかし、僕はこういうものが文学批評なんだ、と思っていました。たとえば、僕はマルクス主義的文学理論にまるで興味がなかった。僕がやりたかったのは、マルクスを読むこと、しかも、『資本論』を読むことです。それが文学批評だと思う。とはいえ、当時の文壇で、よくこんな連載が許されたな、といまでも思います。

3　一九七五年の渡米

――一九七五年に、イェール大学に近代日本文学を教えに客員教授として行かれた。これが決定的な転換になったというふうにみえますが。

文学批評のうえで、大きな転換があったかというと、そうではないですね。もちろん、転換がないわけじゃない。たとえば、『日本近代文学の起源』(講談社、一九八〇年/定本は岩波現代文庫、二〇〇八年)はイェール大学のゼミでやったことが発端になっています。じつは、それまで、明治文学をちゃんと読んだことがなかった。大学で教えるために、国木田独歩《くにきだどっぽ》などを読んだのです。そして、このゼミをやっている間に、近代文学を成り立たせている構造をつかんだと思う。「風景の発見」という問題、あるいは「言文一致」という問題ですね。

しかし、もっと大きいのは、文学のことではなくて、理論のほうでの変化ですね。その点では、比較文学科の教授ポール・ド・マンと出会ったことが大きい。ド・マンとは話がしやすかった。文学の話をしたことはほとんどないですね。ド・マンと会ってよかったのは、彼から何かを学んだということではないのです。僕のやっていること、そして、やりたいことを、完全に理解できる唯一の人間に初めて出会ったということです。ド・マンがいなかったら、僕は日本文学の教授として死ぬほど退屈していたでしょうね。

一九七五年に初めて会ったとき、僕が『資本論』について書いたといったら、読ませてくれというので、『マルクスその可能性の中心』を圧縮・改稿し、英訳して渡したのです。彼はそれをすごく褒めてくれて、彼が編集している雑誌に載ることになった。それはうれしかったですね。ド・マンの他に、たとえば、フレデリック・ジェームソンとも知り合いになりました。彼も僕のことを評価して、その後もいろいろ助けてくれたけれども、彼はマルクス主義者だから、なにか当然という気がして、さほどうれしくなかった。ド・マンのような人に評価されたから、うれしかったのです。おまけに、彼は同僚や学生の間で、辛辣ということで知られていたから。

しかし、雑誌の編集部から僕の論文掲載について連絡が来たとき、僕は日本に帰ってもう少し直したいといって、断わったのです。ド・マンは、あのままでいいのに、といいましたが。実際、一九七七年、日本に戻って書き直そうとしました。まず日本語で、ということで、雑誌に連載した「マルクスその可能性の中心」を大幅に改稿した。貨幣および資本の問題を、言語学理論を導入するかたちでやろうとしたのです。それが『マルクスその可能性の中心』（講談社、一九七八年／講談社学術文庫、一九九〇年）です。

ところが、これを出版して間もなく、この仕事に不満を抱くようになりました。貨幣を言語論的に扱うだけでなく、言語そのものについて考えなければと思うようになったからです。さらに、数学を例外としてはいけないと思って、数学基礎論をやるようになった。それが「隠喩としての建築」という論文です。さらに、それをもっと拡張して、「言語・数・貨幣」

という論文を書いた。これらは、ド・マンにみせるために書いたのです。その意味で、僕の理論的な仕事は、一九七五年に始まったといえます。それまでは、たんに日本の文学批評家であったと思います。

――七五年というのが、柄谷さんにとってじつに大きな転機になったわけですね。

そうですね。まあ、日本で自分のやってきたことがそのままでも外国で通用するのではないか、ということを感じた。そういう可能性を感じたことがいちばん大きかったのです。いまもその線でやっているのだから。

一般に、日本の知識人が西洋に行くと、そこから最先端の知識を得て、日本に帰ってそれを紹介しつつ、自分でもそれによって先端を開くという形態をとります。そうでない場合、日本にあって西洋にないもの、たとえば、禅とか日本の芸術、京都学派の哲学、といったものをもって対抗しようとする。僕はそのどちらもいやだった。とはいえ、日本で自分が我流でやってきたことが通じるとも思えなかったのです。

もちろん、そのためには、範囲を限定しないといけない。たとえば、それを文学の領域でやることはできません。言語の壁がありすぎるから。日本人がどんなに英語ができても、高が知れています。たとえば、マサオ・ミヨシみたいな人がいます。彼は東大の英文科を出て、アメリカに渡り、カリフォルニア大学バークレー校の英文学科教授として、ヴィクトリア朝のイギリスの小説について講義したのです。しかし、ああいう人は例外ですよ。友人のチョムスキーの英語を添削していたような男だからね。

僕は、言語によるハンディキャップが大きいようなことはやらないことにしたのです。だから、マルクスをやった。そのなかでも『資本論』をやった。さらに、ソシュールの一般言語学をやった。つぎに数学基礎論をやった。つまり、「言語・数・貨幣」をやったのですが、それは、これらがどこでも普遍的に妥当するものだからです。そのつぎに、カントかな。カントもコスモポリタンで、普遍的だから。別に計算してそうしたわけではなく、自然にそうなったわけです。

もちろん、日本では、あいかわらず文学批評家として活動していました。たとえば、東京新聞で毎月、文学時評を書いた（『反文学論』一九七八年刊、現在講談社学術文庫）。『マルクスその可能性の中心』にも、マルクス論だけでなく、文学論を収録しています。その時期は、両方やろうと思っていたのです。

文学のほうは、僕にとって楽なものでした。というのは、作品を選ぶとき、僕は全部、直感的にやっていたからです。僕にとって、文学は理論じゃない。もちろん、理論的に説明できると思うけど、批評は、理論を知っていたらできるものじゃない。だから、僕は世間では理論的な批評家だと思われていましたが、文学について理論的に勉強したことは一度もありませんね。

しかし、それと、「言語・数・貨幣」といった理論はちがうのです。僕が勉強したのはこの方面であり、また、苦しい思いをしたのもこの方面です。忙しくてなかなかうまくいかないので、文学のほうを断念しようとした。ところが、理論に専念しても、うまくいかなかった。「言語・数・貨幣」という論文は、途中で理論的にゆきづまり、放棄してしまったのです（これは一九八五年に出版された『内省と遡行』の中に収録される）。この時のゆきづまりで、病気になってしまった。一九八三年です。

それで、アメリカに行ってコロンビア大学でぶらぶらしていたのですが、ちょうど、そのとき、ド・マンが癌で亡くなってしまったのです。ゆきづまっていたうえに、想定していた唯一の読者がいなくなったので、この仕事をついに放棄しました。これは自分の生涯で最もつらいものでしたね。長い間やってきたことをあきらめるわけだから。ところが、この仕事を放棄したら、急に、新たな視野が開かれたのです。その結果が一九八四年からはじめた「探究Ⅰ」です。

それは体系的な仕事をあきらめたから出てきたんですね。「探究」という形態は、最後にどうなるかわからないが、とりあえず、考えていることを毎月書いていこう、というものです。「探究Ⅰ」「探究Ⅱ」「探究Ⅲ」と、合わせて一〇年以上連載しました。九〇年代には「探究Ⅲ」で、カントについて書いたのですが、それが最後に、『トランスクリティーク』に化けたのです。

4　ポストモダニズム批判へ

――一九八四年に、過去との切断があったわけですね。たとえば、「探究Ⅰ」の連載を開始されるのと同時に、「批評とポスト・モダン」（「海燕」八四年一一月号）を発表された。これはポストモダニズムの批判ですよね。この時期、柄谷さんはポストモダンの思想家の代表みたいに思われていたし、一部ではいまなおそう思われているほどだから、この一文の意味は大きいですね。同時に、これは具体的な政治状況に対する発言であった。

この時期に、僕は外的な世界への関心が戻ってきたと思います。それまでは、「言語・数・貨幣」の問題を形式体系として考えていた。たとえ形式体系を内部からディコンストラクトするといっても、あくまで観念論的なものでした。それを断念したあとに、初めてありふれた外的な世界がみえてきた、ということですね。

一九八四年に日本に帰国したとき、ちょうど浅田彰《あさだあきら》の『構造と力』(勁草書房、一九八三年)が社会的なブームになっていました。僕の本も売れていた。難しい本が売れていたのです。一見すると、これは革命的な事態にみえた。しかし、僕は、ちがうと思ったのです。

この時期の「現代思想ブーム」は、アメリカでもそうだったのですが、フランスの哲学のブームです。なぜそれが流行したのか。いまはこう思う。フランスの現代思想は、一種の政治的挫折のあらわれだったのではないか。現実にできないから、観念において革命を起こそうというものではなかったか。一九六八年パリの五月革命で、便所に書かれた落書で、「想像力が権力をとる」というスローガンが有名になったのですが、むしろ、想像力が権力をとったのは、五月革命が敗れたあとです。

どういう想像力か？　文学ではない。文学にもう力はなかった。その逆に、哲学が文学に近づいたのです。それはデリダをみればわかります。一九六〇年代までのデリダの仕事は素晴らしいですよ。現象学の内在的な批判からはじめて、構造主義への内在的批判に及ぶ。哲学の仕事として画期的だった。しかし、七〇年代以後、彼は哲学者よりも「作家」になろうとしたのです。すでに、戦前のハイデガーがそうでした。彼は詩を哲学よりも根底的だとみなしたわけです。しかし、彼がそうしたのは、ナチに参加して、それに失望したあとからだと思います。本当の革命は、ナチ的政治ではなく、文学にしかない、と考えたのでしょう。

このように、政治的な挫折・不可能性から、文学に向かうのは、別に珍しいことではありません。その場合、言葉の力に頼る、ということになるのです。マルクスは、ドイツの観念論および（自分自身をふくむ）ヘーゲル左派のイデオローグについて、「哲学者たちは世界を変えるのではなく、世界の解釈を変えてきただけだ」（「フォイエルバッハ・テーゼ」）といいました。それでいうと、フランスの現代思想は、いわば、世界の解釈を変えれば、世界は変わる、という事態をもたらしたのです。だから、テクストをどう読むかということが大事になった。ここから出てきたのは、テクスト的観念論ですね。

しかし、これはドイツの観念論の場合もそうだったのです。一八世紀末に、イギリスには発達した産業資本主義があり、フランスには政治的なブルジョア革命があったけど、ドイツには何もなかった。彼らにできたのは、観念的な革命です。これは半端なものではなかった。実際、ドイツの観念論はそれ以後、哲学的な革命のモデルになりました。いまだに、われわれは、カント、フィヒテ、ヘーゲル、マルクスといった哲学史を、反復しているのですから。

政治的な挫折と無力から、観念論的革命に向かう例は、ほかならぬ日本にあります。京都学派がそうです。これは、仏教的な無、あるいは、西田幾多郎《にしだきたろう》がいう絶対矛盾的自己同一を根本に据えてはいるが、ドイツの観念論（フィヒテ、ヘルダー、ヘーゲル）の再版です。ドイツでも、ハイデガーがそうした、といってもいい。

じつは、フランスでは戦後に、ドイツのハイデガーを導入するとともに、ドイツ観念論を導入した。ドイツは戦争に負けたが、哲学的には戦後のフランスを占領したのです。ドイツの哲学の言語やスタイルが、旧来のフランス的な哲学・文学（ヴァレリーに代表される）にとって代わった。日本に入ってきた、フランスの「現代思想」はそういう背景をもっていたのです。だから、案外、日本の過去の言説と親和性がある。

とにかく、こういう思想が流行るときは、現実の政治的な挫折がある。いくら政治的にみえても、その根本に無力感がある。実際、米ソの冷戦構造のなかでは、それを超える可能性はない。ゆえに、それを思弁的な想像力に求めることになる。だから、哲学であれ、何であれ、それは文学的なものになります。日本でも七〇年以後、吉本隆明が優位に立ったのはそのせいですね。

──『批評とポスト・モダン』（福武書店、一九八五年）では、それを「近代の超克」と結びつけていますね。

近代西洋の哲学の脱構築ということを、西洋人がいっている間はまだましですが、それを日本の文脈におくと「あれ、それなら、すでに日本にあったぞ」ということになるに決まっているのです。それが戦前の「近代の超克」ですね。

僕をポストモダンな思想家の代表のように思う人が多い。しかし、それを最初に批判したのは僕ですよ。これを書いた一九八四年の時点では、「ポスト・モダン」という言葉は建築とか一部の領域でしか使われていなかったので、そういう言葉を使った僕自身が、ポストモダンの思想家だと思われたのかもしれませんね。僕があえて「ポスト・モダン」という言葉を使ったのは、戦前の日本にあった「近代の超克」が念頭にあったからです。

一九八四年のころは、日本が経済的に世界を制覇したというような風潮がありました。アメリカ人が『ジャパン・アズ・ナンバーワン――アメリカへの教訓』（エズラ・F・ヴォーゲル）という本を書いたし。日本的経営は素晴らしい。日本人が変に自信をもって威張りはじめた感じがしましたね。いずれ、それを哲学的に表現するやつが出てくるだろう、その場合、京都学派に行きつくだろう、と僕は思った。実際そうなったのだから、つまらない話です。

とにかく、一九八四年以後は、バブルでインテリまで浮かれていた。たとえば、広告のコピーで商品が売れるというので、コピーライターが偉いということになっていた。言葉が、差異化が、世界をつくる、というテクスト的観念論が日常的になっていたわけです。しかし、広告コピーで製品が売れるわけではない。売れなくなれば、そんなことはすぐわかります。

こういう情勢を僕は嫌悪していた。では、自分がやってきた仕事（「言語・数・貨幣」）が、テクスト的観念論であったことは否定できない。そして、それを克服するにはどうしたらいいか。その手探りの仕事が『探究Ⅰ』であり、『探究Ⅱ』でした。そのなかで、僕は「他者」とか「外部」という言葉を使った。別に何でもない言葉です。ただ、テクスト的観念論から、それをたんに観念論として退けるのではなく、その内部から否定していくことはできないか。それを模索していた。

当時、僕の本がどうして読まれたのかわかりません。いま、それを読むと、ひどく抽象的な議論です。ただ、その時には、政治的なリアリティがあったのではないか。僕について、そのころの仕事のほうがよかった、鮮烈だった、という人がいるのですが、それはその時の話です。僕の考えが変わったわけではない。しかし、それ以後の状況では、もうその時の言葉ではやれないのです。

――「批評空間」の前身である「季刊思潮」の編集をはじめたのが、一九八八年ですね。

これは劇作家の鈴木《すずき》忠志《ただし》に誘われてはじめたのです。以前なら、他人と一緒にやることは断わったと思うんですが、このときは何となく、やってみようか、と思った。じつは、いいかげんなもので、長期的な見通しなどなかった。しかし、やっているうちに、だんだん恰好がついてきました。浅田彰が編集に加わった四号目からは、もっとはっきりしてきて、部数も増えはじめた。それは二年で終わり、出版社を移して、「批評空間」をはじめました。それが一九九一年、湾岸戦争の年ですね。このときは、政治的なコミットメントがはっきりしていました。

5　一九八九年からカントへ

——一九八九年というのは、美空《みそら》ひばりが死んだり、中国で天安門事件があったり、ベルリンの壁が崩壊したり、天皇が死んで昭和が終わったりしました。そういうのをつなげて柄谷さんはお話しくださいました。そのなかで、とくに、ベルリンの壁が崩壊したとき、柄谷さんはいろいろお考えになったと思うんですが、その点、どうですか。

あんまり印象はないですね。ソ連は、僕の頭のなかではとっくに崩壊していたので、現実に崩壊したことが信じられなかった(笑)。こういうかたちでずっと続くんじゃないかと思っていたのです。僕は八〇年代には、資本主義のほうが、現状をたえず解体し新しく構築する力をもっている、と思っていた。その意味で、逆説的に資本主義に期待していました。ある意味では、世界資本主義がソ連を脱構築したといえます。しかし、たとえそうなっても、ソ連の体制は存続するだろうと僕は思っていました。

だから、九一年にソ連が現実に崩壊してみて初めて気づいたのは、むしろ、ソ連の存在に依存していたということです。ソ連の崩壊で旧左翼が致命的な打撃を受けたといわれました。しかし、本当は、致命的な打撃を受けたのは新左翼ではないだろうか。というのは、これまで、新左翼はソ連や旧左翼を批判していればよかった。西洋形而上学の脱構築とか、観念的な議論をしていればよかった。その意味で、新左翼は、ソ連あるいは旧左翼に依存していたのです。それが崩壊しそうもないから、楽だった。それを批判していれば、何かやっている気になれた。が、現に崩壊してみると、もうそんな態度をとれない。

八〇年代に風靡した「現代思想」が急激にリアリティを失ったのもそのせいですね。たとえば、デリダは西洋形而上学の脱構築、あるいは、二項対立の脱構築ということをいった。これは一見すると、西洋の歴史的起源にさかのぼる雄大な問いのようにみえますが、これがリアリティをもったのは、現実に、アメリカの資本主義とソ連の社会主義という二項対立、つまり冷戦構造を反映していたからです。日本でなら、革マル（黒田寛一）のいう「反帝国主義・反スターリン主義」、吉本隆明のいう「自立」もそうです。二項対立によって隠蔽された「第三の道」を創造すること。哲学の抽象的議論のようにみえることがリアリティをもっていたのは、そういう政治的現実があったからですね。

しかし、ソ連の崩壊、つまり、米ソ二元的構造の崩壊は、同時に、哲学的な議論のリアリティを奪ってしまった。ソ連が崩壊すると、たとえば、資本主義の脱構築的な力に期待する、なんてレトリックは通用しない。資本主義の脱構築的な力はまったく剝き出しになり、世界中を解体しはじめた。それがグローバリゼーションですね。この資本主義の現実においてどうするのか。あらためてそれを考えなければならない。たんなる批判や懐疑ではすまない。何か積極的な理念が必要なのです。ところが、僕はこの時点でその用意がなかった。未来社会について構想すること自体を批判していたから。

アドルノは「否定の弁証法」で、否定の否定は止揚でなく、否定の徹底化にほかならないといっていました。つまり、何か目的やゴールがあるのではなく、現状に対する批判・否定を永続するしかない。僕も同じ意見で、昔からつぎのマルクスの言葉をよく引用していました。《共産主義とは、われわれにとって成就されるべき何らかの状態、現実がそれへ向けて形成されるべき何らかの理想ではない。われわれは、現状を止揚する現実の運動を、共産主義と名づけている。この運動の諸条件は、いま現にある前提から生じる》(『ドイツ・イデオロギー』)。

——あの当時の朝日新聞で、柄谷さんが、本当の共産主義は現状を揚棄する運動なんだから、ソ連が崩壊

したからといって全然関係ないんだよとおっしゃっていたんです。それはすごい記憶に残っていて、柄谷さんの住所を調べてファンレターを送った記憶もある（笑）。

そうでしたね。毛筆ではなはだ読みにくい手紙だった（笑）。ただ、だんだん気づいたのは、そのような態度ではすまないということです。「否定の否定」を続けるといっても、何の理念もないなら、それはできない。そのようにいうマルクスには、じつは、共産主義という理念があるのです。彼は強引に実現するような設計的な理念を否定した。しかし、それは共産主義という理念を否定することではない。このことをどう説明したらいいか。僕は、それをカントから学んだのです。

カントは「構成的理念」と「統整的理念」を区別した。あるいは、理性の「構成的使用」と「統整的使用」を区別した。構成的理念は、現実化されるべき理念です。統整的理念は、けっして実現されないが、指標としてあって、それに向かって徐々に進むほかないような理念ですね。ここからみると、マルクスが否定したのは、構成的な理念だということがわかります。

一方、ヘーゲルの体系は、理念が最終的に実現されるようになっているから、構成的理念と同じです。このヘーゲルを唯物論的に解釈して、前方に実現されるものとして共産主義をおく。これが通俗的なマルクス主義です。では、共産主義を構成的理念としたマルクス主義はどうなるか。ソ連の社会主義がそういうものでした。それは「理性の構成的使用」であり、まさに理性の暴力でした。しかし、それを否定することと、「統整的理念」まで否定してしまうこととはちがいます。構成的理念を振りまわして自ら挫折した人たちは、今度は、理念一般に、その恨みをぶつけるようになった。ポストモダニズムとはそういうものですね。

ポストモダニストは、歴史のいっさいの理念を物語だといって否定した。つまり、理念は仮象だというわけです。しかし、それは別に新しい考えではない。そもそもカントは、理念は仮象だといっています。ただ、それは、感覚に由来するような仮象とはちがう。それなら、理性によって訂正できる。ところが、理性から生じる、理性に固有の仮象がある。たとえば、昨日の自分と今日の自分は同じ自分だと人は思う。しかし、ヒュームがいったように、同一の「自己」など仮象にすぎない。ところが、もしそのような幻想をもてないとどうなるか。統合失調症になるでしょう。だから、この種の仮象は不可欠であり、また不可避的である。カントはこのような仮象をとくに「超越論的仮象」と呼びました。理念も超越論的仮象です。共産主義という理念も同じです。

超越論的仮象（統整的理念）がなくなればどうなるか。いわば、歴史的に統合失調症になる。先進国のインテリは、理念を物語（仮象）だといってシニカルに嗤《わら》っているが、それではすまない。すぐに別の理念（仮象）をでっちあげることになる。フランシス・フクヤマみたいに、歴史はアメリカの勝利によって、自由民主主義が実現されて終わったというような、乱暴なヘーゲル主義的な観念論者が出てくる。他方で、露骨に宗教的な原理主義が出てくる。理念を必要とする時代は全然終わっていないのです。理念は終わったと冷笑するインテリは、やがて冷笑されるか、忘却される。

だから、この時期、僕はもう一度、理念について根本的に考え直そうと思いました。それでカントを読みはじめた。カントは通常、形而上学の批判者として知られています。僕もそう思っていた。この通念は別にまちがってはいない。彼は、形而上学批判がヒュームの懐疑によって呼び起こされたことを強調しているからです。しかし、一般に見逃されているのは、彼が『純粋理性批判』を書いた時点（一七八一年、一七八七年）では、形而上学が不人気で嘲笑の的になっていたということですね。

カントはこういうことを序文に書いています。《かつて形而上学が諸学の女王と呼ばれた時代があった。もしその意志を好意と解するならば、形而上学はその対象が著しく重要なところから、かかる尊称を受けるにふさわしいものであった。ところが、今日では、形而上学にあらゆる軽蔑をあからさまに示すことが、時代の好尚となってしまった》（岩波文庫上、14ページ）。形而上学をこのようにしてしまったのは、ほかならぬ独断論的な形而上学者です。したがって、カントにとって、「批判」の仕事はむしろ、形而上学をそれにふさわしいかたちでとり返すことを意味したわけです。具体的にいえば、それはヒュームへの批判です。ヒュームを受け入れたうえで、形而上学を再建することです。

カントの言葉をいいかえると、つぎのようになる。《今日では、コミュニズムにあらゆる軽蔑をあからさまに示すことが、時代の好尚となってしまった》。もちろん、その責任はコミュニストにあるのです。しかし、僕は、ポストモダニズムによる批判を受け入れたうえで、コミュニズムという形而上学を再建しようとした。だから、カントが不可欠だったのです。

――形而上学というと、カントの場合、実際は、道徳（倫理）の問題ですよね。

そうです。僕は、社会主義は根本的に倫理の問題だと思います。社会主義は、いったい何をめざすのか。経済的成長のためだったら、資本主義でいいんですよ。実際、早く豊かになりたいのなら、そのほうがいい。

だけど、社会主義は道徳（倫理）的な問題だと思うんです。道徳的といっても、主観的な問題ではないですよ。よくカントの倫理学というと、嘘をついてはいけないのか、というようなくだらない議論ばかりやっている。だから、マルクス主義者はカントを見下して、一行で片づけてきた。しかし、カントは実際に、倫理を主観的な問題としてのみ考えたのではない。むしろ、経済的な問題として考えています。

カントにとって、道徳性は善悪の問題ではない。自由の問題です。そして、自由というのは、自発性という意味です。たとえば、カントは道徳法則としてこういうことをいっている。「他人をたんに手段としてのみならず、同時に目的として扱え」と。目的として扱え、というのは、自由な（自発的な）存在として扱え、という意味です。われわれは互いに、他人を手段としている。それはやむをえない。しかし、他人を手段として〝のみ〟扱うことがあってはならない、というわけです。同時に、相手を目的（自由な存在）として扱うのでなければならない。

しかし、資本主義経済ではそれができない。だから、カントは、商人資本を介在させない、生産者たちのアソシエーション（協同組合）を提唱しました。プルードンより五〇年前に。

その意味で、プルードンもマルクスも、カントの倫理学の延長としてある。そのような倫理学をもたないなら、社会主義は社会主義ではなく、国家主義にすぎない。

ただ、僕にとって、ソ連の崩壊より、もっと具体的に衝撃をあたえた出来事は、湾岸戦争（一九九一年一～三月）でしたね。というより、ソ連の崩壊、冷戦構造の崩壊が何を意味するのか、をひしひしと感じたのが、湾岸戦争でした。

6　湾岸戦争のころ

――一九九〇年からコロンビア大学の客員教授として定期的に教えられるようになりましたね。

そうです。二〇〇五年まで、ほぼ隔年で教えていました。

――それは、外国で自分の仕事をするという計画があったからですか。

そうですね。しかし、季刊誌の「批評空間」もやっていましたし、自分の足場を日本にも海外にもおいていました。

――一九九一年の湾岸戦争では、中上健次《なかがみけんじ》、田中康夫《たなかやすお》らと、日本の参戦に反対する文学者の集会をなさった。それはどういうことだったのですか。

これは、中上健次がいいはじめたことですよ。中上と何かをやると、結局は、僕が前面に立つことになるのです。それでも、僕だけなら何もしなかったでしょうね。僕が何かにコミットするときは、そういうふうに受け身である場合が多いのです。自分でよく考えて、計画して事をはじめるなんてことはない。

湾岸戦争は、冷戦体制が終わったということの最初のあらわれですね。たとえば、それまでなら、日本は米ソの冷戦体制のなかでじっとしていればよかった。ところが、急に、参戦することを要求された。国連の名において。では、どうするか。いままで考えないですんだ問題、考えるにしても机上の問題であったものが、いっぺんに出てきたのです。

このとき、僕は、六〇年代から通用していた、慣れていたやり方も考え方も通用しないと思いました。たとえば、「文学者の集会」をやったのは、文学者を特権化するものではない。その逆に、文学は政治から自立した立場だ、というような通念を否定したかったのです。だから、文学者の集会を催したのです。文学者が集会をし、署名して、「日本の参戦に反対する」声明を出すというようなことは、否定されていた。しかし、六〇年まではそれはごくふつうになされていたのです。それが否定されるようになったのは、吉本隆明の影響でしょうね。また、その影響下にあった全共闘出身の物書きが、文学者の政治的コミットメントへのタブーをつくっていた。だから、これを壊してやろうと思ったのです。しかし、案の定、全共闘出身の物書き（加藤典洋《かとうのりひろ》など）がこのことに関して、僕に対する批判を数年もかけてやり、本を出したりしていました。何という不毛な、筋ちがいの情熱だろうと思いましたね。

――一九九二年からの連載「探究Ⅲ」でカントについて書かれたのは、湾岸戦争のことがあったからですね。湾岸戦争のあと、憲法第九条を積極的に意味づけることを書いていらっしゃいますね。これもカントと関係がありますね。

そのとおりですね。日本の憲法第九条は、湾岸戦争で、はじめて意味をもつようになった。

それまでは、米ソの対立のなかで、日本が独自の立場をとるという可能性などなかったから。憲法第九条について、議論することはほぼ無意味だった。旧左翼も、新左翼も、じつは無関心だった。マルクス主義者は方便として反戦を唱えますが、軍備廃止なんて考えない。たとえば、人民軍ならいいわけです。新左翼も「赤軍」をつくったりしたわけだ。彼らが憲法第九条をもってくるのは、それが自分に都合がいいときだけです。

僕も憲法第九条のことを考えたのはその時がはじめてです。そして、考えているうちに、それがカントの「永遠平和論」に由来するということがわかった。また、カントの構想が、フランス革命のあとの戦争を予感して書かれたということもわかった。また、それまで僕は「平和運動」をちょっとばかにする傾向がありましたが、そうじゃないということをはじめて認識しました。

――「探究Ⅲ」のカント論が『トランスクリティーク』に化けた、といわれましたね。それはどういうことですか。

「探究Ⅲ」の連載を休んで、「カントとマルクス」という論文を書きはじめたのですが、それきり、連載をやめてしまった。「探究Ⅲ」は、だから、本にもなっていない。といっても、その中身のほとんどは、『トランスクリティーク——カントとマルクス』に入っている。だから、「化けた」といったわけです。理論的には、一九九八年にブレークスルーがあったと思います。「資本＝ネーション＝国家」という観点は、この時期にできたのです。

マルクス主義は、つねに、国家とネーションに躓いてきた。それは、哲学や文学と同様に、イデオロギー的上部構造だとみなされた。それは経済的な構造によって規定される。ところが、国家とネーションに躓いた。つまり、スターリニズムやファシズムに負けてしまった。この反省から、上部構造の相対的自律性をいうようになり、それに固有の次元を考えるようになったわけです。フランクフルト学派は精神分析を導入した。さまざまな神話学的・記号論的な視点も加わった。「共同幻想」（吉本隆明）とか「想像の共同体」（アンダーソン）なども、そういうものです。しかし、このような議論は、国家やネーションを表象や幻想として片づけることにしかなっていません。

国家やネーションは文学や哲学とちがうと思う。文学芸術や哲学が経済的下部構造に規定されるとか、また、それが下部構造から相対的に独立した、独自の次元においてあるということは、別にまちがいではない。しかし、国家やネーションをそれと同じようにいうのはまちがいです。国家やネーションは確かにイデオロギー的な構造をもつけれども、そんなことをいえば、資本主義的経済も宗教的な体系なのです。

そもそも経済的構造と政治的構造が区別されるのは、近代資本主義以後の社会にすぎない。たとえば、封建体制において、封建領主と農奴の関係は、経済的関係なのか政治的関係なのか、それらは分離できない。相手を政治的に強制することがそのまま経済的な関係になっているからです。この場合、経済的下部構造と政治的上部構造を区別することはできない。未開社会においてはなおさらです。だから、国家やネーションを上部構造とみなすのは、資本主義が支配的な社会の見方にすぎない。

そこで、僕が思いついたのは、国家やネーションを、商品交換とは異なる交換様式から派生したものとみることです。マルクスは『資本論』で、資本主義経済の幻想的な体系を、商品交換の基礎的な様式から説明しようとした。同様に、国家やネーションを異なった基礎的な交換様式から説明すればよいのではないか。つまり、それらはたんなる表象ではなく、必然的な根拠をもっており、だからこそ、容易に解消できないものなのです。基礎的な交換様式は、図1のイに示した四種類です。なお、ロとハは、こうした交換様式が歴史的に派生した形態を示すものです。

図1　基礎的な交換様式（イ）とその歴史的派生形態（ロ、ハ）

イ	B　収奪と再分配	A　贈与の互酬制
	C　貨幣による商品交換	D　×
ロ	B　専制・封建的国家	A　農業共同体
	C　都市	D　普遍宗教
ハ	B　国家	A　ネーション
	C　資本（市場経済）	D　アソシエーション

マルクスは「生産様式」という観点から、社会構成体の歴史を考えた。それが史的唯物論と呼ばれるものです。彼は、社会構成体を、原始共産制的、アジア的、古典古代的、封建的、資本制的という段階でみた。大まかなところで、僕はこのような見方に反対ではない。しかし、僕はそれを「生産様式」ではなく、「交換様式」という観点から再考したのです。どんな社会構成体も、さまざまな交換様式の接合としてある。つまり、贈与の互酬（A）、収奪と再分配（B）、貨幣による商品交換（C）という交換様式の接合。社会構成体のちがいは、どの交換様式が支配的であるかによって、また、その結合の度合いや濃度によって決まる。

原始社会の段階でもこの三つはあります。しかし、そこではAが支配的なので、他は目立たない。また、アジア的社会構成体や封建的社会構成体においては、Bが支配的なのですが、AもCも残っている。つまり、貨幣経済や都市があり、他方に、農村共同体がある。つぎに、資本主義社会はCが支配的なモードとなった社会構成体ですが、当然、AもBも残っている。ただ、それは支配的なモードであるCのもとで変形されている。それが、資本＝ネーション＝国家という社会構成体となるのです。

つぎに重要なのは、交換様式Dですね。これは、ある意味で、Aを高次元で回復することです。つまり、資本主義が十分に発展した段階で、その上にA（共同体）を回復すること。それは旧来のA・B・Cの揚棄を意味します。いいかえれば、ネーション＝国家＝資本の揚棄です。

ところで、他の交換様式とちがって、交換様式Dは実在しないのです。それは想像においてしか存在しない。実際、Dは、歴史上、普遍宗教としてあらわれたということができます。ゾロアスター教以来の普遍宗教。

Dは、一九世紀半ば以後、宗教的な色彩が消えて、「科学的」社会主義というかたちをとるようになります。しかし、社会主義は本来、計画経済とかそういった次元の問題ではない。社会主義は、普遍宗教というかたちで出てきたものの延長であり、そうでないかぎり、国家主義（Bの支配）にしかなりません。社会主義が本質的に道徳的な問題だといったのは、この意味です。

交換様式A・B・Cは執拗に存続します。しかし、そのかぎりで、Dも執拗に存続する。それは、カントでいえば、統整的理念として残るのです。

一九九八年に、以上のような考えが突然、ほとんど一挙に出てきた。以後、『トランスクリティーク』や『世界共和国へ』（岩波新書、二〇〇六年）で、それを精密化しようとしてきたのです。いまもそれを続けています。

7 新しいアソシエーション

――NAMを二〇〇〇年にはじめられたのは、そのような展望をもってからですね。

そうですが、実際には、運動をはじめながら、考えたのです。本当はもっと慎重に準備してやるべきだったでしょうね。しかし、そうしていたら、実行しなかったでしょう。

また、この時期に運動をはじめたのは、理論的なこともそうですが、現実に危機感があったからですね。一九九〇年代に、日本で「新自由主義」化が進行した。いつでも戦争ができる体制ができあがっていた。僕は、「批評空間」をやっている間、それに抵抗しようとしましたが、無力でした。たんなる批評ではだめだと思うようになった。だから、社会運動を開始しようと思ったのです。

二〇〇一年に小泉純一郎《こいずみじゅんいちろう》が首相になる前に、日本の「新自由主義」の体制は完成していたと思います。新自由主義は一九八〇年代にレーガン主義、サッチャー主義として存在したもので、日本ではそれが中曾根康弘《なかそねやすひろ》によって実行された。その目玉が国鉄の民営化です。それは同時に国鉄の労働組合（国労）の解体です。国労は総評[*15]の要でしたから、それは総評の解体を意味する。総評が解体すれば、社会党が消滅することになる。

つぎに、日教組の弾圧。教育の統制が進んだ。大学の民営化というのは、実際は、国営化です。それまでの大学は、国立でありながら、じつは、文部省から独立していた。つまり、中間勢力でした。民営化によって、こうした自治が剝奪された。私立大学でも同じです。国家の財政的援助の増大とともに、国家によるコントロールが強化されたわけです。

さらに、特筆すべきなのは、公明党を連立政権に加えることによる創価学会のとりこみです。与党であるために、彼らは年来の課題であった、大衆福祉と反戦を放棄してしまった。こうして、事実上、中間勢力であった宗教的勢力が抑え込まれた。もう一つは、部落解放同盟の制圧です。部落解放同盟は、部落だけでなく、すべての差別される少数派の運動を支えていた。また、それは右翼を抑制する力があった。解放同盟が無力化したのち、右翼はわがもの顔にふるまいはじめたと思います。

日本で中間勢力がほぼ消滅したのが二〇〇〇年です。そこに、小泉政権が出てきた。もう敵はいない。彼は中間勢力の残党を、「守旧派」「抵抗勢力」と呼んで一掃したわけです。

――そうですね。小泉純一郎は各界からこぞって支持されましたね。いま、新自由主義を批判する人たちが、その時は皆、小泉に拍手を送っていた。

もういままでの政党や中間団体に頼ることはできない。そういう状況で僕が考えたのが、NAMだったのです。新しいアソシエーション運動の創出ということです。簡単にいうと、それは二つのポイントがあります。

第一に、旧来の革命運動は「生産」過程に重点をおいてきた。だから、ゼネスト待望になります。あるいは、ゼネストができるように労働者の「意識」を高める運動が重視される。また、労働者を組織する知識人の党が必要だということになる。

しかし、資本主義において重要なのは、むしろ「流通」過程だと思います。資本は、M―C―M′（貨幣―商品―貨幣＋α）という変身によって増殖するものです。この点では、産業資本も商人資本と同じです。つまり、資本が増殖できるのは、最終的に流通過程を経ることによってです。通常、剰余価値の搾取というと、生産点だけで考えられる。しかし、労働者をどんなに搾取してこき使っても、その生産物が売れなければ、剰余価値は実現されない。

では、それを誰が買うのか。基本的に労働者が買うのです。それが産業資本主義経済です。商人資本主義の段階では、遠隔地交易の商品は主として奢侈品《しゃし》で、貴族や裕福な者だけが買っていた。産業資本では、日用品が主になります。

資本主義生産は「労働力商品」を必要とする。つまり、プロレタリア、すなわち、賃金で働く労働者を必要とするといわれます。しかし、なぜプロレタリアが必要なのか。なぜ奴隷や農奴ではだめなのか。奴隷や農奴は近代ヒューマニズムに反するから、というのは答えになりません。プロレタリアを必要とするのは、プロレタリアは商品を買うが、奴隷は買わないからです。産業資本は労働者だけでなく、その生産物を買う消費者を必要とするのです。

近代資本主義は、労働力商品がつくった商品を、労働者自身に買わせる、というシステムです。そして、そこに生じる差額（剰余価値）によって、資本は自己増殖する。産業資本の画期性は、労働力という商品が生産した商品を、さらに労働者が彼らの労働力商品を再生産するために買うという、オートポイエーシス的なシステムを形成した点にあります。この点で、奴隷制生産とか、そういうものとは根本的に異なるのです。

商人資本の場合、遠隔地交易、つまり、空間的に異なった価値体系の間を仲介することが必要です。ある物をそれが安い所で買って、それが高い所に運んで売る。その差額が剰余価値です。しかし、そのためには、商人資本は危険を冒さなければならなかった。実際、古代の遠隔地交易は皆、国家がやったのです。ところが、産業資本はいわば身近なところに、ある商品を見つけた。労働力という商品です。これは、自ら商品をつくるばかりでなく、さらに、それを買い戻してくれる。産業資本は商人資本のように、異なる空間の間を仲介する必要はない。労働者を雇い、彼らがつくったものを自ら買い戻すという過程を仲介すればよいわけです。

しかし、そのためには、産業資本は、価値体系を差異化しないといけない。商人資本は、概して、自然条件によって決定された地域の生産物の差異にもとづいています。しかし、産業資本の場合、差額は、時間的に価値体系を差異化することから得られる。それは技術革新によってもたらされます。いわば、労働生産性を上げることによって、労働力の価値を下げる。だから、産業資本主義においては、たえまない技術革新が不可欠になります。

もちろん、資本は剰余価値をどんな差異から得てもかまわない。たとえば、産業資本も安い原料や労働力を求めて、遠隔地に向かう。また、金融的な投機から差額を得る。しかし、産業資本主義は、主として、剰余価値が技術革新による時間的な差異化にもとづいているので、技術革新が停滞すると、剰余価値も停滞せざるをえないのです。

ついでにいっておくと、剰余価値は利潤とは別です。利潤は経験的に存在するものです。個人や個々の企業は、それを意識し、かつ追求している。しかし、剰余価値は、経験的にはわからない、理論的なものです。剰余価値は、個々の資本ではなく、総資本のレベルで考えないといけない。たとえば、四人の仲間が徹夜で賭け麻雀をやるとします。最後に、誰かが「利潤」を得る。しかし、全体としてみれば、剰余価値はない。剰余価値は、外から誰か弱いカモを連れてきたときに、可能になります。つまり、同じ体系の中では、剰余価値はない。「差異」がないと、剰余価値はない。

利潤と剰余価値を同一視すると、おかしなことになります。たとえば、個々の企業でみると、利潤を得ている企業は、労働者を搾取していることになる。では、負債だらけで倒産しかけている企業はどうか。彼らは労働者から搾取しなかった良心的な連中なのか。要するに、剰余価値という概念を個々のケースで使ってはいけないのです。かといって、それを否認してはならない。剰余価値は、総体として、資本の蓄積＝存続の根拠を考えるときに不可欠です。

このように産業資本の蓄積＝存続の条件をみるならば、それに対する最も有効な闘いがどこにあるかがわかります。生産点とは、労働者が自分の労働力を「売る立場」です。しかるに、流通、つまり消費の場では、労働者が「買う立場」に立ちます。資本は生産点では優位にあるが、消費の場では労働者に対して従属する。しかし、そうしないと、M―C―M′という過程を完了することができない。

一般に、消費者運動は労働運動と別のものだと考えられています。しかし、消費だけをしている人間などいない。労働者と消費者は別のものではない。労働者が消費という場に立つ時に、消費者となるだけなのです。であれば、労働者は、彼らが最も弱い立場である生産点だけでなく、むしろ消費者としての立場で闘うべきだ。生産点では、労働者は企業と一体化しやすい。企業に利益があるのは、労働者にとってもよいことだからです。だから、労働者は、たとえば、汚染食品をつくっていても、それに反対したり暴露したりすることはなかなかできない。会社がつぶれたら困るから。しかし、消費者としてならば、それを許せないでしょう。だから、労働者はむしろ消費者の立場において、普遍的であり公共的なのです。

生産点でやるのでなければ、労働者の闘争はない、という考えがあります。とくに、マルクス主義者はこれまでそう考えてきた。労働者が普遍的な立場に立てないのは、階級意識がないからだ、物象化された意識に閉ざされているからだ、という。だから、知識人、前衛党が、労働者階級を啓蒙しリードしなければならない、というわけです。しかし、現実に、生産点での闘争は難しい。現在の企業では、生産点で、労働者がお互いに出会う機会さえ少ないから。他方で、労働者の闘争を最優先するのはおかしい、消費者運動とか、マイノリティとか、さまざまな闘争のほうが重要だという考えがある。いまは、このほうが優勢でしょう。しかし、この二つの観点は、資本の蓄積＝存続の条件を半分しかみていないのです。

くりかえしていうと、労働者と消費者は別のものではない。労働者が消費という場に立つ時に、消費者となるだけだ。であれば、労働者は、彼らが最も弱い立場である生産点だけでなく、むしろ消費者としての立場で闘うべきだ。そこで、僕が考えたのは、労働者／消費者の運動を創り出すことです。具体的にいえば、労働運動と消費者運動を結びつけること。それが一つです。

第二に、それとつながることですが、消費者＝労働者として国家や資本に対抗すると同時に、それらに依拠しないですむような経済的なアソシエーション（生産＝消費協同組合や地域通貨・信用体系）を創り出す、というものです。これは、将来、国家権力を握って実現するというようなものではない。いますぐ、できる。むろん部分的・地域的なものですが。しかし、これがなければ、結局、国家に依存する社会民主主義になるだけです。

もちろん、労働運動も消費者運動も協同組合も地域通貨も前からあるわけで、僕が考えたものではない。僕が提起したのは、それらの意味づけを変えるような理論です。

8　9・11事件に際して

——二〇〇一年に、9・11事件があり、イスラム原理主義者が反米同時多発テロを起こしました。それに対しては、どう思われましたか。

これは不意打ちでしたね。じつは、この事件の一週間前まで僕はニューヨークにいたのです。しかし、事件が起こってみると、組織としてそれにどう対処するかが難しかった。もともとNAMは、いいかげんにはじめたもので、そのうちかたちができてくるだろうと思っていたのです。これが僕のいつものやり方です。周到に計画して、協議して、というようなことをしない。本当はそうすべきなのですが。

NAMは、原則を承認するかぎり、来る人を拒まないというやり方でした。それでは予想外の事態に対応できない。NAMに入った人の多くは、僕の読者、というか、「批評空間」の読者の続きでした。そういう人たちにとっては、NAMは派手なイベントのようなものです。だから、本当の参加をいやがる。たとえば、デモをいやがる。9・11の結果、NAMはおおざっぱにいえば、二つに分かれたと思います。

一方は、地域通貨やフェアトレードのように、おとなしくのんびりやっていこうという者です。他方で、これまでの左翼運動のタイプの者もいる。ゆっくりやっていれば、この二つのタイプの間にも交流が生まれ、バランスがとれたものになるでしょう。しかし、9・11というよりは、その後の情勢の変化、とりわけ日本が戦争に参加するといった、緊急の政治問題に対処しなければならなかった。はじまったばかりの組織がそれにどう対応するか。それを協議する態勢もまだつくれていなかった。政治的闘争はいやだという人がいた。かといって、やりたい人がやればよいではすまない。もともとちがったタイプの人たちが集まったばかりの状態で、それを決めることはできない。内でさまざまな対立が起こってきた。だから、僕は解散することにしました。
9・11以後のような事態でなかったら、ちがっていたと思う。しかし、このような経験を積んだことは、僕にとってはよかった。

――NAMを解散しただけでなく、「批評空間」もやめられた。

「批評空間」の限界は、九〇年代に痛感していました。これは「現代思想」や「文学批評」の限界だったと思う。僕は九〇年代末にはやめようと思っていたのですが、編集長の内藤裕治《ないとうゆうじ》のことを考えて、別のかたちでなら、存続してもよいと思い、「生産協同組合」として批評空間社を立ち上げた。それはNAMの一環だったのです。その内藤が癌になって二〇〇二年に急死してしまった。だから、批評空間社を解散しました。内藤はNAMのことでもよくやってくれていましたから、NAMの解散の原因もそこにある、といえる。僕は半ばアメリカにいたし、実務的に任せられる人がいなくなったから。
しかし、NAMが解散してからのほうが、そこにあった個々のアソシエーションはしっかりしています。ＮＡＭの元メンバーは、それぞれがんばっていると思うよ。いま、僕が「ａｔ」という雑誌で連載しているのも、いわばＮＡＭの続きなんですね。逆にいうと、ＮＡＭのようなものは、「アソシエーションのアソシエーション」だから、しっかりした個々のアソシエーションが先に存在しないとうまくいかない。そして、それらをつなぐ有能なオーガナイザーがいないと。

――９・11以後の事態でとくに思うようになったのは何ですか。

国家の問題ですね。『トランスクリティーク』でも、国家について書いています。しかし、９・11であらためて思ったのは、「国家は他の国家に対して存在する」という問題です。アナーキストもマルクスも、国家をその内部だけで考えています。つまり、社会から国家が生まれてきたかのように。ネグリやハーバーマスもそうですね。だから、国家を、社会の公共的合意のもとにおけばよいと考えている。しかし、国家はそんなことで社会に従うことはないし、消滅することもない。というのは、国家が生まれたのは、社会の内部からではなく、他の社会あるいは国家に対してだからです。だから、社会の内部でかたづいても、外に対してはかたづかない。

『トランスクリティーク』では、僕はむしろ、マルクスはアナーキストだということを肯定的な意味で強調したのです。それまで、マルクス主義者はマルクスがいかにアナーキスト（たとえばプルードンやシュティルナー）と異なるかを強調してきた。他方、アナーキストもバクーニン以来、マルクスを集権主義的だとして批判してきた。しかし、僕は、こと社会主義あるいはアソシエーションの見方にかんして、マルクスはプルードンと根本的にちがわないということを書きました。

9・11以後にこう思った。マルクスの弱点はむしろアナーキストだったことにある。彼は、初期から、国家を市民社会の自己疎外態として考えていた。だから、市民社会の矛盾（階級対立）が揚棄されれば、国家は死滅すると考えた。これはプルードンと同じ考えです。ただ、マルクスは、プロレタリアートが一時的に国家権力を握るべきだと考えた。これはブランキから得た考え（プロレタリア独裁）です。ブランキも根本的にアナーキストです。国家がまもなく消滅すると思っていたのだから。

しかし、僕の考えでは、国家の本質と起源からいって、国家はそもそも他の国家に対してある。ゆえに、他の国家と無関係に、一国だけの国家揚棄などありえない。マルクスももちろん、一国の革命を考えたことはないのです。『ドイツ・イデオロギー』のときから、世界革命（世界同時革命）を考えていた。しかし、それは一八四八年のヨーロッパ革命にはあてはまるかもしれないが、ヨーロッパはたんに世界の一部にすぎない。それを「世界」というのはおこがましい。多数の国家が存在するという現実に立脚して考えていない。

むしろ、僕はカントの「永遠平和」のほうが、国家の揚棄という課題に迫っているのではないかと思う。これはある程度『トランスクリティーク』にも書いていたのですが、9・11以後、それをもっと考えるようになった。そこから出てきたのが、『世界共和国へ』という本です。

――『世界共和国へ』は岩波新書だから小さな本ですが、中身は凝縮的で、体系的ですね。柄谷さんの著書の中で、最も体系的な本じゃないですか。

僕はもともと体系が嫌いだし、苦手でした。しかし、社会構成体を交換様式の相互依存的な接合としてみるようになると、体系的にならざるをえないんですよ。

実際、これを考えはじめたとき、僕はヘーゲルのことをあらためて考えました。『法哲学』

ですね。ヘーゲルの弁証法的体系では、資本主義経済からはじまり、国家、ネーションによって綜合されていくという順序になっています。ネーションは、まず民族という感性的なものとしてあらわれるのですが、最後に、市民社会・国家を有機的に統合する理性的なものとしてあらわれる。もちろん、どの契機も、ネーションによる統合の中に揚棄（否定＝保存）されているわけです。

初期マルクスは、ヘーゲルの『法哲学』の批判からはじめた。その場合、資本主義的な経済的な構造を下部構造として、ネーションや国家を上部構造としたわけです。そして、下部構造において矛盾を解消すれば、資本制経済を廃棄すれば、ネーションや国家も廃棄されるだろう、と考えた。しかし、実際は、そうでない。だから、国家やネーションがいつもマルクス主義の躓きとなってきた。ネーションや国家は、商品交換とは別の交換様式に根ざしているものです。

ヘーゲルは観念論的であり、また、ネーションを最上位においていた。しかし、それでも、彼はネーション、国家、資本の相互依存的な関係をつかんでいたと思います。だから、僕が資本＝ネーション＝国家を交換様式の結合体として考えるようになったとき、それがある意味でヘーゲルに近づくことになるのは当然なのです。しかし、それはまた、ヘーゲル批判をもう一度やり直さなければならないということです。

一九八九年の時点で、フランシス・フクヤマは、自由民主主義の実現によって歴史が終わる、といった。もちろん、これはヘーゲルにもとづく考えです。しかし、僕の言葉でいえば、彼らが歴史の終わりに見出す「自由民主主義」とは、「資本＝ネーション＝国家」のことです。これがエンド（終わり＝目的）でありえないのは当然です。ただ、僕がいいたいのは、ヘーゲル批判があらためていま必要だということ、しかも、それは狭い哲学者だけの問題ではないことです。

第三章　現状分析

1　歴史と反復

――柄谷さんが一九六〇年代からたどった思想的な歩みをうかがったのですが、あらためて、一九九一年ソ連崩壊、資本主義のグローバリゼーション以後の現在の状況についてお話をうかがいたいと思います。湾岸戦争でいわれたのは、アメリカが他を圧倒する唯一の帝国となった、ということです。実際には、どうだったのでしょうか。

最近、アメリカの没落が目立ってきたので、あまりいう人はいませんが、一九九〇年代では、アメリカの独り勝ち、超大国、……というような見方が圧倒的でした。僕はそのような見方に反対でした。僕はアメリカに最初に住んだ一九七五年以後、アメリカが没落しつつあると感じていた。たしか一九八〇年に僕はこういうことを聞いて驚いたことがある。それは、それまでのアメリカでは、親の代よりも子どもの代のほうが貧しいということはけっしてなかったのに、初めてそうなったということです。いま、日本でも子どもが親の代より貧しくなっていますけど。

アメリカの黄金時代は、一九七一年、アメリカがドルの金兌《だ》換《かん》を停止[*16]した時期に終わったと思うんです。この時期まで、アメリカは、他の資本主義国家に対して「贈与」する立場にあった。そのおかげで、日本とドイツが急成長し、アメリカを脅かしはじめたのが、一九七〇年代です。

湾岸戦争の時、ネグリとハートは、アメリカが国連の同意を求めたことを評価して、これまでの帝国主義とはちがうといいました。そして、アメリカをローマ帝国に擬《なぞら》えて、アメリカ政府を喜ばせた。しかし、湾岸戦争のとき、アメリカは日本から九〇兆円ほど出させています。それがどう使われたかわからない。たぶんアメリカの武器の在庫を一掃するために使われたのでしょう。金で傭兵を使った帝国はいくらもある。多くはそれによって滅んだ。しかし、外国に金を出してもらわないと戦争できないような「帝国」が歴史上ありますかね（笑）。

アメリカが「帝国主義」を超えたものではないことは、二〇〇三年のイラク戦争ではっきりしたと思います。国連の反対を無視し、戦争に反対するヨーロッパ諸国を嘲笑してイラク戦争を強行した。つぎに、二〇〇七年以後のアメリカの経済的崩壊です。しかし、このことは、一九九〇年においてすでに明らかでした。アメリカの経済は、金融においては強いけれども、製造においてはまったく没落していました。だから、戦争をするのに、日本の金に頼らないといけなかったのです。

――すると、一九九一年、ソ連の崩壊の時点に戻って考えてみる必要がありますね。柄谷さんは、そういうことを見通していたのですか。

半ばイエス、半ばノーですね。現状認識や見通しにおいて、決定的にまちがっていたことが一つあります。僕は、一九九〇年以後、一九三〇年代のようなことが反復されるのではないかという見通しをもっていたのです。一九八四年にはそう思っていた。その年、「批評とポスト・モダン」を書いたとき、日本におけるポストモダニズムは戦前の「近代の超克」に似たものになるだろうと書いた。その後に、一九八九年、ソ連圏の崩壊と昭和天皇の死が重なって起こった時点で、僕は、そのことを再確認しました。

先に、「明治と昭和」について話しましたが、このとき、僕は、昭和は明治を反復しているということを書いたのです（「海燕」一九八八年一月号に掲載の「近代日本の言説空間：一九七〇年＝昭和四五年」。のち、『終焉をめぐって』〔福武書店、一九九〇年〕と『定本柄谷行人集5　歴史と反復』〔岩波書店、二〇〇四年〕に収録）。

そして、このような年表を示した。

図2

明治		昭和	
（10年	西南戦争）	（11年	二・二六事件）
22年	憲法発布	21年	新憲法公布
27年	日清戦争	26年	講和会議・日米安保条約
37年	日露戦争	35年	安保闘争・新安保条約
		39年	東京オリンピック
43年	韓国併合・大逆事件	43年	全共闘運動
44年	条約改正	44年	沖縄返還運動
45年	乃木将軍殉死	45年	三島由紀夫自決

しかし、この年表で、明治と昭和が対応しているのは、別に日本の固有の現象ではないんですよ。根本的に、世界資本主義がとる周期性にもとづいている。それは大体六〇年です。ところが、明治プラス大正がほぼ六〇年であるために、昭和が明治を反復しているようにみえるのです。

ただ、誰でもこの年表をみると、一九九〇年以後は、一九三〇年代に似たものになるだろう、という気がする。その見通しは、ある程度あたっていました。「近代の超克」に似たイデオロギーを唱える人たちが出てきたし、「東アジア共栄圏」を唱える人たちが出てきた。廣松渉《ひろまつわたる》のようなマルクス主義者までそういいはじめたほどですから。さらに、政治的には、細川内閣ができた。細川護煕《ほそかわもりひろ》は、それまで自民党―社会党という冷戦構造に対応した二元性の枠の外から急に出てきた人で、同時に、そのような構造を解体してしまった。これをどうみたらよいのか。

そのとき、僕はある反復に気づいたのです。細川護煕は戦前の首相近衛《このえ》文麿《ふみまろ》の外孫ですが、彼が首相になる過程まで、近衛とよく似ています。近衛は二度首相になっています。そして、一九三七年には日中戦争にかんして、一九四〇年には日米戦争にかんして、決定的な一歩を進めた（戦後に戦犯に問われるが自殺）。

彼はすべての党派に支持されたのです。彼は第一に皇族に近い華族でした。また、若いころから左翼であり、文人であり、右翼や軍にも近い。実際、一九四〇年には、大政翼賛会といって、すべての政党が解散して近衛のもとに集まる寸前までいったのです。奇妙なことに、これに反対したのが、少数の天皇主義の右翼です。近衛が徳川（将軍）のようになってしまうといって。

この近衛は、ルイ・ボナパルト（ナポレオン三世）に似ているのです。ボナパルトは、一八四八年の革命の時点で、ナポレオンの甥であるというほか何ものでもなかったのですが、数年後に、すべての党派・階層の支持を得て、大統領から皇帝になったわけです。彼はサン・シモン主義（国家社会主義）者でした。資本主義を維持しつつ、それがもたらす矛盾や対立を解消するということで、全階級の支持を得たわけです。

――ボナパルトといえば、マルクスが『ルイ・ボナパルトのブリュメール十八日』を書いていますよね。

そうです。僕はそれについて長い解説を書いています（「表象と反復」、マルクス著『ルイ・ボナパルトのブリュメール十八日』の「付論」、平凡社ライブラリー、二〇〇八年）。それについて考えたのは、もともとファシズムについて考えていて、うまくいかなかったからですね。ファシズムというと、大衆を弾圧する抑圧的な体制という見方がなされますが、それは後進国の独裁体制と混同するものです。ファシズムはむしろ大衆の圧倒的な支持によって実現されるのです。

また、ファシズムというと、反ユダヤ主義や軍国主義あるいは侵略主義と結びつける人が多いのですが、元祖ファシズムのイタリアは反ユダヤ主義も侵略戦争もなかった。スペインのファシスト、フランコも第二次大戦のとき中立です。また、一般にファシズムは王政を廃止し議会を停止するといわれるけれども、日本ではそうなっていない。だから、日本にはファシズムがなかった、という人さえいます。

しかし、僕は、ファシズムを、社会主義に対する「対抗‐革命」だと考えます。つまり、社会主義とはちがったかたちで、階級的な対立を解消するという革命です。それはネーションによる革命です。たとえば、ドイツのエルンスト・ブロッホという哲学者は、マルクス主義の運動がなぜファシズムに負けたかを問うています。彼の考えでは、ファシズムは、資本主義化によって破壊されていく共同体や古い社会形態を、新たなかたちで回復しようとした。一方、マルクス主義はそれをたんに否定しただけだった。だから、ファシズムに負けたのだ、と。このことは、交換様式という観点からみると、もっとわかりやすいと思います。ネーション（互酬的交換様式）を強調することで、資本主義を否定し、国家を否定する、それがファシズムです。

ファシズムをこの観点からみると、イタリアではじまったとかいうようなものではないことがわかります。たとえば、それは一八四八年フランスのルイ・ボナパルトにあったものです。ボナパルトは、小農に土地を与えたナポレオンの甥として、農民に支持された。彼はまたサン・シモン派社会主義者であった。すなわち、労働者の味方として支持され、さらに、産業主義者であるから資本家に支持され、……すべての者に支持された。そこで、大統領になるだけでなく、皇帝に即位した。

ボナパルトの革命は、社会主義革命に対する「対抗‐革命」です。反革命とちがって、それ自体革命のようにみえるので、大衆の人気が得られます。もちろん、それは見せかけで、国家と資本のために機能するだけなのですが。したがって、ファシズムの本質を見逃さないようにするには、それをもっと根本的に、ボナパルト的政治という観点からみたほうがいいと思います。そうすると、ヒットラーと同時期の、アメリカのローズヴェルト大統領もボナパルティストだということがわかる。彼はすべての党派の支持を得ました。彼自身は民主党ですが、共和党からも支持された。そして、戦争に反対だったアメリカ人を太平洋戦争に誘導した。

くりかえすと、日本の場合、近衛はボナパルト的だと思います。さらに、近衛の甥、細川も同様です。米ソの冷戦構造に対応して、日本には自民党・社会党の体制が長く続いてきたのですが、細川は、そういう政党政治の枠外から急に登場して、それを徹底的に再編する役割を果たした。これを理解するには、ボナパルティズムとしてみるほかない。実際、この事態には、世界各国でも驚いたが、理解できなかったらしい。日本からの情報では、日本に特殊な現象としてしか説明されなかったからです。しかし、佐藤優《さとうまさる》から聞いたのですが、そのとき、外務省にいた彼は、当時、各国のインテリジェンス同士のやりとりで、僕が示した見方を知らせたら、皆やっと納得した、ということらしいです。

――普遍的な認識だから理解できるんですね。

とにかく、近衛の外孫が登場して同じような役割を果したのをみて、まさに一九三〇年代がくりかえされる、と僕は思った。しかし、類似はそこまででしたね。一九九〇年代に進行したのは、そういうものではなかった。細川護煕は簡単に失脚して、二度と出てこなかった。つまり、一九三〇年代に進行したファシズムはなかった。実現されたのは、新自由主義です。さっきいったように、これは一九八〇年代に中曾根のもとではじまっていたもので、それが全面的に進行しはじめたのです。

このような過程は、どうやっても、一九三〇年代と似ていない。おまけに、日米対立の激化もない。さらに、中国やインドは一九三〇年代にそうであったように植民地状態にあるどころか、経済的に発展して大国になりつつある。一九三〇年代とはまるでちがうのです。だから、この年表（図2）で考えることはできない。

じつはもう一つ、困ったことがあったのです。この年表を延長していくと、僕は書かなかったけれども、一九九九年が昭和一六年に照応するということがわかります。そこで、オウム真理教が、僕の年表にもとづく見通しから、一九九五年に地下鉄サリン事件を起こしたという噂を聞いて、二度と口にしないようにしました（あとで、オウムのリーダーの一人、上祐《じょうゆう》史浩《ふみひろ》という人がそれを認めていたから、噂ではなかったのです）。

しかし、僕はこのような反復性そのものを撤回しません。僕がまちがえたのは、六〇年の周期で考えた点でしたね。一九九〇年代は、一九三〇年代と似ている面もあるが、似ていない面が多すぎる。そのとき、僕が気づいたのは、六〇年ではなく、その倍の一二〇年の周期でみればよいのではないか、ということです。そうすると、一九九〇年代は一八七〇年代に似ているということになります。その当時は、中国（清朝）もインドも、西洋列強に侵略されながらも大国でした。それは、一八九四年の日清戦争の前に、日本側が清朝を極度に恐れていたことから明らかです。

日清戦争の原因になったのは、朝鮮（李朝）の中の対立です。つまり、清朝派と日本派の対立が戦争になったわけです。また、日清戦争の結果、台湾が日本に譲渡された。だから、現在の中国・台湾・南北朝鮮・日本という、東アジアの構造は、このころとほぼ同じです。

2　なぜ一二〇年の周期か？

――なぜ、六〇年ではなく、一二〇年なんですか。

その前にいっておきますが、易の考えも六〇年周期なんですね。僕は、易にも興味がある。

長い経験にもとづく認識だと思うからです。しかし、僕が六〇年周期というのは、易によるわけではなく、それとは違った根拠があるのです。また、一二〇年ということにも、それなりの根拠があるのです。

「歴史を知らないと、くりかえしてしまう」といういい方がありますね。しかし、歴史を知っていたら、反復を避けられるのか。その程度のものなのか。歴史の反復性というのは、反復的な構造を意味するのです。『ルイ・ボナパルトのブリュメール十八日』の最初に、有名な言葉があります。「ヘーゲルはどこかで、すべての偉大な世界史的事実と世界史的人物はいわば二度あらわれる、と述べている。彼はこう付け加えるのを忘れた、一度目は偉大な悲劇として、もう一度目は惨めな笑劇として、と」（平凡社ライブラリー、15ページ）。僕は、これはたんなるレトリックではないと思います。歴史の反復ということを、もっと真剣に考えるべきだと思うんです。

僕がいう反復は、構造的なものです。資本主義には反復的な構造があります。景気循環がそうです。恐慌・不況・好況・恐慌――。なぜこのような循環があるのかといえば、資本主義経済は、その発展において、恐慌と不況を通して、暴力的な淘汰と整理をするほかないからです。だから、この反復はいわば反復強迫的なものです。

マルクスが『資本論』で考えたのは、約一〇年周期の景気循環ですが、もっと長期の景気循環（波動）があります。コンドラチェフが指摘した長期波動では、五〇年から六〇年ぐらいです。だから、六〇年の周期性が存在することは、易でなくても、いえるのです。他に、ブローデルの「長期的サイクル」があります。これは大体一二〇年だといえるかもしれません。ただ、このようなサイクルは、物価の長期的変動を観察して得られたもので、近代資本主義に固有のものではない。だから、僕は、周期性を、世界商品の交代という観点からみたいと思います。これはもともと、宇野弘蔵がいう段階論にもとづくものですが。

長期波動は原理的においては、短期の景気循環と同じなのですが、ちがいも大きい。というのは、僕の考えでは、それは世界商品の交代が生じることにともなう大規模な現象だからです。近代資本主義の発展段階は、世界商品の交代によって特徴づけられます。たとえば、毛織物工業から、綿工業、重工業、耐久消費財、さらに情報産業へ。この移行は、たんに技術的なレベルだけでなく、全社会的な変化をともないます。だから、この移行には、金融恐慌をともなうかどうかは別としても、長い深刻な不況が付随してきたのです。ここからみると、図3に書いたように、一二〇年のサイクルがあるということがいえます。

しかし、資本主義の景気循環だけで歴史の反復を語ることはできない。じつは、国家にお

図3　近代世界システムの歴史的段階

	1750〜1810	1810〜1870	1870〜1930	1930〜1990	1990〜
世界資本主義	後期重商主義	自由主義	帝国主義	後期資本主義	新自由主義
ヘゲモニー国家		イギリス		アメリカ	
傾向	帝国主義的	自由主義的	帝国主義的	自由主義的	帝国主義的
資本	商人資本	産業資本	金融資本	国家独占資本	多国籍資本
世界商品	繊維産業	軽工業	重工業	耐久消費財	IT 産業
国家	絶対主義王権	国民国家	帝国主義	福祉国家	地域主義

いても、反復がある。国家は、資本主義経済によって規定される、たんなる上部構造ではない。資本が能動的な主体であるように、国家も能動的な主体です。資本主義が反復的であるのと別の意味で、国家も反復的な構造をもっています。

マルクスは『ルイ・ボナパルトのブリュメール十八日』でそれをとらえたと思います。彼は、一八四八年の革命が一七八九年の革命の反復であるだけでなく、一七八九年のフランス大革命はローマの出来事の反復だといっているわけです。では、古代のローマではどのような事件があったのか、といえば、シーザーの暗殺です。これはローマが都市国家から帝国に移行する時期の問題です。シーザーが皇帝になろうとしたのは、この当時、ローマはもはや都市国家ではなく、巨大な規模になっていたからです。都市国家の原理に立つ元老院がそれに反対して、シーザーを暗殺した。しかし、彼の死後、ローマはまさに帝国になる。こういう変化は、ある国家が「帝国」のような規模になろうとするときに生じます。

僕がいいたいのは、たんに経済的な反復性ではなく、国家そのものにも反復性があるということです。国家を資本と同様に、能動的な主体としてみる。といっても、それらは反復強迫的な構造の中にあるわけです。だから、歴史の反復というとき、国家に固有の反復性と、資本に固有の反復性を同時に考察すべきなのです。国家と資本は、対立しながらも相補的であるような関係にあります。それらをどちらかに還元してはならない。

そこで、僕は図3のような段階論を考えたのです。これを説明すると、こうした諸段階は、それぞれ「世界商品」と呼ぶべき基軸商品の変化によって特徴づけられます。当然、そのもとに技術やエネルギーの変化があるわけです。そうやってみると、重商主義段階は繊維産業、自由主義段階は軽工業、帝国主義段階は重工業、後期資本主義段階は耐久消費財（車と電化製品）によって特徴づけられる。さらに、新自由主義段階は、一九九〇年代から進行してきた新段階（IT産業）にとって代わられる。（図3）

つぎに、一般に、自由主義から帝国主義へというような発展段階がいわれていますが、僕がここで「自由主義的」「帝国主義的」と呼ぶのは、それとは別のものです。僕はこの考えを、ウォーラーステインから得た。彼は、自由主義をヘゲモニー国家がとる政策であると考えたのです。そして、帝国主義を、ヘゲモニー国家が没落し、かつ新たなヘゲモニー国家がまだ確立しておらず、それをめがけて各国が争うような状態とみた。

ウォーラーステインの考えでは、近代の世界経済のなかで、ヘゲモニーを握った国家は三つしかなかった。オランダ、イギリス、そして、アメリカ（合衆国）です。イギリスが重商主義（保護主義）をとっていた一六世紀後半から一七世紀半ばまで、オランダは自由主義的でした。政治的にも絶対王政ではなく共和制であった。実際、アムステルダムはデカルトやロックが亡命し、スピノザが安住できたような例外的な都市です。徳川幕府もオランダとだけは通商したわけです。

ウォーラーステインによれば、ヘゲモニー国家が成立するのは、まず製造部門での優越から、商業部門や金融部門での優位に及ぶときです。この三つの分野すべてで優位に立つのは、難しい。短い期間だけです。このことは、ヘゲモニーが製造部門において失われても、商業や金融においては維持されうるということを意味しています。たとえば、オランダもイギリスも、生産の次元で没落したのちも、商業や金融において長くヘゲモニーを保持した。じつは、一九七〇年以後のアメリカがそうです。

一方、「帝国主義的」というのは、一八八〇年以後の状態だけでない。オランダが没落したあとの時代もそうです。また、一八八〇年以後の帝国主義も、レーニン的な定義ではなく、イギリスのヘゲモニーが失われた段階としてみるべきです。アメリカとドイツ、日本などがその後釜をねらって争いはじめた時期ですね。この見方では、アメリカがヘゲモニーを握った一九三〇年以後は「自由主義的」な段階になるのです。そして、一九九〇年以後、アメリカが没落しはじめた段階は、「帝国主義的」です。

こうして、「自由主義」的な段階と「帝国主義」的な段階が交互に続くというかたちをとる。僕のみるところ、これはほぼ六〇年の周期です。このため、近代の世界史は、一二〇年ごとに類似してくるということができるわけです。今後もそうであるかはわからない。ただ、これは発見的 heuristic な仮説として有効であると考えています。

3 自由主義と新自由主義

——イギリスが「帝国主義」に転じるのは、一八八〇年代ですね。エジプトを占領した。

そうですね。マルクスはちょうどそのころに死んでいます。彼はイギリスの帝国主義段階を知らない。もちろん、晩年にはその兆候に気づいていましたが。イギリスの帝国主義というと、大英帝国がいよいよ隆盛をきわめてきたかのように受け取られていますけど、その反対ですね。これはむしろ、大英帝国とその自由主義（自由貿易帝国主義）の衰退の証しです。

一八七〇年以後、ドイツやアメリカに圧《お》されて製造部門で衰退したとき、彼らは海外市場と金融に活路を見出した。イギリスが真にヘゲモニー国家であったとき、むしろ国内の福祉もよかったし、労働者の状態もよかった。帝国主義の段階で、それが失われていったのです。帝国主義に転じたとき、それまでの「自由主義」に代わって、新たなイデオロギーが支配的になりました。それが社会進化論（スペンサー）ですね。これは、ダーウィンの自然淘汰論（弱肉強食）を、社会に適用したものです。これが「帝国主義」と呼ばれた。これは当時、肯定的にみられた。キップリングのような詩人がそれを称揚したのです。

たとえば、一九九〇年代は「ネオ・リベラリズム」のイデオロギーが支配的になったと考えられています。しかし、これは「自由主義」と関係がないんです。むしろ、これはかつての帝国主義と同じです。たとえば、勝ち組と負け組、自己責任というような言葉が横行した。

まさに、社会進化論ですよ。

自由主義というのは、圧倒的なヘゲモニー国家の経済政策だと考えてみると、アメリカが自由主義であったのは、むしろ一九七〇年以前であったということが明らかです。ドルの金兌換制停止が示すように、経済的には一九七〇年代から没落しかけていたのです。それはかつてのオランダやイギリスがたどったのと同じコースをたどっています。つまり、製造部門では没落したが、金融や商業（石油・穀物・エネルギー資源など）にかんして、依然としてヘゲモニーを握っているわけです。

イギリスの自由主義時代には、それが圧倒的であるために、他の国との戦争の危機はなかった。アメリカが一九世紀のイギリス（大英帝国）のような感じで自由主義的だったのは、一九三〇年から一九九〇年まで、なかでもとくに一九四五年から一九七五年までの時期ですね。この時期、先進資本主義諸国はアメリカの保護下にあり、また、ソ連圏を共通の敵とすることで協力しあい、国内において労働者の保護や社会福祉の政策をとった。また、その敵対的な外見に反して、国際的にはソ連圏、国内的には社会主義政党は、世界資本主義を脅かすどころか、安定化するものとして機能したわけです。したがって、冷戦時代とは、ヘゲモニー国家アメリカによる「自由主義」的な段階であったといってよいのです。

それに対して、一九八〇年代から先進資本主義諸国において顕著になったのは、社会福祉を削減し、資本への税や規制を削減するレーガン主義・サッチャー主義的な政策です。これは新自由主義と呼ばれています。しかし、これは一八八〇年代に顕著となった帝国主義と相反するものではない。レーニンは、帝国主義段階を歴史的に特徴づけることとして、「資本の輸出」をあげています。資本は、国内市場だけでやれなくなったために、グローバルな市場を求めて外に出る。ハンナ・アーレントは、一八八〇年代に顕在化した帝国主義を、国家－資本がネーション（国民）の軛《くびき》から解放されることだと述べています（『全体主義の起原2』大島通義・大島かおり訳、みすず書房、一九七二年）。つまり、国家はネーションの要求を斥け、自国の労働者を見捨てて海外に向かう資本を制度的・軍事的に支援したわけです。ネオ・リベラリズムに生じているのは、それと同じことです。

グローバリゼーションと呼ばれる事態は、一九七〇年代に、先進国における利潤率低下・慢性不況という危機からはじまっている。その原因は、一つには、耐久消費財が普及して、これまでの市場では飽和してしまったことにあります。さらに、耐久消費財の生産にかんして、日本やドイツの急激な発展があって、アメリカのヘゲモニーが失われた。このため、アメリカの資本は、グローバルな自由競争に活路を見出そうとしたのですが、そのことは、アメリカ国家の軍事的なヘゲモニーに依拠することなしはありえない。現在の資本主義の段階は、それゆえ、「新自由主義」というよりも、「新帝国主義」というべきものです。

つぎに、アメリカがヘゲモニー国家として没落したら、つぎは中国だ、東アジアだ、という意見があるのですが、僕はべつにそう思わない。つぎには、これまでのようなヘゲモニー国家が成立しないかもしれないからです。このような近代世界システムのサイクルは、産業資本主義によるものですが、世界商品の交代という観点からみても、このつぎには何もない。情報産業といっても、事実上は、耐久消費財を生産し消費する人々を後進国に見出す以外にない。実際、中国やインドで農業人口の比率が日本並みになったら、世界資本主義は成り立たないでしょう。だから、つぎのヘゲモニー国家が出現するどころか、資本主義そのものが終わる可能性がある。

といっても、その前に、ヘゲモニーをめぐる壮絶な闘争があるだろう、と思います。だから、いま考えるべきなのは、つぎのヘゲモニー国家がどこか、ではなくて、それをめざすこと自体が何をもたらすか、です。もちろん、戦争です。

——現在、信用恐慌があって、人々はまた一九二九年の大恐慌とその後の問題との類推で考えようとして

います。それはどうでしょうか。


信用恐慌から大不況へという点では、もちろん、似ています。しかし、恐慌よりも大事なのは、そのあとの慢性不況です。信用恐慌なんて、当たり前の話です。実体がないのに、信用を無理矢理つくってごまかしてやっていけば、いずれ破綻するのに決まっている。こんな自明の理を経済学者がわからないのはどうかしている。子どものころ、水上を歩く方法を教えてやるといわれたことがある。それは、右足が墜ちないうちに左足を上げ、左足が墜ちないうちに右足を上げる、というようなものです。もちろん冗談ですが、担保なしの金融のリスクを避ける（ヘッジする）というのは、そのようなものです。だから、大事なのは、恐慌ではなく、そのことによって結果的にあらわになる現実、つまり、慢性不況のほうです。

　長期の慢性不況なら、一八八〇〜九〇年代以後にあります。この慢性不況は致命的で、ここから完全に回復するために、第一次大戦のみならず、第二次大戦まで必要としたほどです。

　現在の事態は一九二九年に似ているというのは子どもでもわかるけど、その類推で考えるのは、さまざまな意味で、まちがっています。というのは、第一に、一九三〇年代は、アメリカが没落するどころか、アメリカがイギリスに代わって、覇権を握ることがはっきりした時期だったからです。ところが、現在は、アメリカ帝国の没落期であって、これは避けられない。もちろん、大英帝国が没落期になっていよいよ帝国主義的に隆盛したようにみえるのと同じで、今後もアメリカは軍事的に帝国主義的でありつづけると思います。しかし、もはや以前のような全面的なヘゲモニーをもちえない。一帝国にとどまるでしょう。

第二に、一九二九年の時点では、自動車・電気製品などの耐久消費財への移行が起こりかけていた。大量生産・大量消費という時代がそこからはじまったのです。その意味では、どんなに不況が深刻であっても、まだ未来に展望があった。ケインズ主義のように、公共投資によって無理矢理に消費を起こしていくことができた。

しかし、今後の慢性不況にはそのような可能性がないのです。現在は、先進国で自動車・電気製品などの耐久消費財が飽和してしまった。中国やインドのような市場が頼りです。一九九〇年以後、IT産業が新たな世界資本主義を画するキー産業として出てきました。しかし、これは人手を減らすものです。したがって、消費も減る。慢性不況は不可避的です。この場合は、ケインズ主義的な公共政策をやっても効果がない。じつは、一九三〇年代でも、ケインズ主義的な公共政策（ニューディール）に効果はなかった。効果があったのは、軍需、つまり戦争です。アメリカが一九二九年以後の大不況を克服したのは、日米戦争勃発以後です。

今後の慢性不況は、むしろ、一八九〇年代以後の慢性不況と比べてみるべきでしょう。これは一八六〇年代以後の重工業への移行とともにはじまった。大英帝国の基盤は、繊維工業にあった。つまり、軽工業ですね。鉄鋼のような重工業には、国家的な投資が必要です。だから、株式資本による集中だけではそれはできない。ところが、ドイツや日本などでは、国家の手でこれを進めた。だから、イギリスはこの点で没落しはじめたのです。

しかし、重工業は、設備投資の割合が大きく、相対的に、労働者の雇用は繊維工業ほど多くない。結果的に、一般的利潤率の低下が生じる。慢性不況が続く。これを逃れるために、国家と資本は、海外の市場と資源を確保しようとし争奪しあうようになる。それが「帝国主義戦争」です。これが世界規模で起こったのは第一次大戦ですが、東アジアでは、日清戦争・日露戦争がすでにそういうものでした。

資本主義は終わった、限界だという人たちがいますけど、ばかばかしい。資本主義は「主義」じゃないのです。資本はM―C―M′という運動によって自己増殖するかぎりで資本です。自己増殖するためには、差異（剰余価値）を見つけなければならない。資本は何としてもそれを見つけようとする。国家も何としてもそれを見つけようとする。だから、資本主義の終焉どころか、これから激烈な闘争がはじまるのです。もちろん、グリーン（環境）産業のようなものでは、慢性不況を脱することはできない。そうすると、最後の手は戦争ということになる。

4　帝国と帝国主義

――ネグリとハートは『〈帝国〉』の中で、アメリカは帝国主義ではなく帝国となったと書いています。

一九九一年湾岸戦争のとき、アメリカは絶対的な軍事的ヘゲモニーをもちながら、国連の支持を得て動こうとした。だから、ネグリとハートは、そこに、帝国主義ではなく、ローマ帝国に似たものを見出したわけです。これを読んで、アメリカの国務省は大喜びしたといわれます。むろん、この考えがまちがいだったということは、湾岸戦争から一〇年後のイラク戦争において証明されています。アメリカはもはや国連の支持を得るどころか、それを公然と無視する「単独行動主義」に踏み切ったのだからです。

もちろん、ネグリとハートはアメリカが帝国だという意見に固執しないでしょう。というのも、彼らの意見では、むしろ、「帝国」とはどこにもない場所である。それはむしろ「資本の帝国」なのだ、というわけです。「帝国」とは「世界市場」の別名である、と。しかし、資本にかんしても国家にかんしても、これはきわめて単純な見方です。彼らは、一つの資本、一つの国家しか考えていないのです。資本間の競争を考えないと資本主義経済はわかりません。

国家についても同じです。一国の中だけをみていたのでは、国家はわからない。現実には、資本は他の資本と競争しているのであり、国家もまた他の国家に対して存在するのです。それは複数の国家をふくむ「世界＝帝国」になっても同じです。世界＝帝国の外には、別の世界＝帝国が存在する。ローマ帝国の時代でもそうです。たとえば、同時代に、中国には漢という大帝国があった。世界＝帝国というのは、一つの経済圏にすぎません。昔からそうです。近代の世界市場は、そのような世界＝帝国をつないだ。もうその外部がないような世界市場が生まれた。しかし、それは、多数の資本、多数の国家や帝国からなっているのです。一つの「帝国」のようなものは、理論上存在するだけです。たとえば、『資本論』でいえば、第一巻と第二巻までは、資本はいつも一つです。しかし、第三巻では、多数の資本が出てきます。たぶんネグリは、第三巻を読んでいないのでしょう。信用の問題について、まったく書いていないしね。

――ネグリやハートの見方は、一八四八年における『共産党宣言』の認識と似ているんじゃないですか。世界市場の「普遍的交通」のもとで、民族や国家の差異は無化されるだろう。そのなかで、資本に対してプロレタリアートの反乱がはじまる。それは世界同時革命である。ただ、ネグリらの場合、プロレタリアートの代わりに、マルチチュード*17の反乱というのですが。

そうですね。彼らが革命の主体としてマルチチュードをもってくるのは、労働者階級＝プロレタリアートというより意味が広いからでしょう。マルチチュードは有象無象ですから、何でも入る。しかし、それなら、彼らはなぜ、アルカイダあるいはそれに類したイスラムの運動をマルチチュードの反乱とみなさないのか。そんなことをいったら、やっつけられるからです。しかし、それなら、プロレタリアートといったほうがましでしょう。もともと、プロレタリアという語はもっと広い意味で使われてきたのだから。
ネグリらが『共産党宣言』（一八四八年）の認識に似てくるのは、彼らが六八年の思想家だからと思いますね。一九六八年は、一八四八年からみて、ちょうど一二〇年後になります。たとえば、ウォーラーステインが、一九六八年の革命を一八四八年の革命に匹敵する世界革命だと指摘しています。彼の考えでは、六八年の世界革命は政治的権力を獲得することをめざすよりも、もっと根本的な反システム運動であり、それゆえに広範な影響をあたえた。その点では、一八四八年革命も同様です。政治的権力という意味では敗北したが、その結果として、各国で普通選挙・労働組合の合法化・福祉政策が進んだ。一九六八年の革命では、一八四八年革命の時期にあって、その後に抑圧された、初期マルクスをもふくむさまざまな社会主義・ユートピアニズムが復活したわけです。

しかし、一八四八年のあとにどうなったかを忘れてはいけない。一八四八年の革命は民族や国家の無化どころか、フランス（ボナパルト）やプロシヤ（ビスマルク）に、国家資本主義と帝国主義をもたらしたのです。一八七一年の普仏戦争が、四八年革命の答えです。この戦争の結果、生まれたパリ・コンミューンは、四八年革命の最後に燃え上がった炎のようなものです。

一九六八年のあとも同じです。一九九〇年代にいたって公然と新自由主義＝帝国主義時代に進みはじめたのですから。それに対して、ネグリやハートは、再び六八年を、といっているわけですね。世界同時革命がはじまる、と。なぜなら、グローバリゼーションのもとでネーション＝ステート（国民国家）という枠組みはもはや意味をもたないからだ。各国のマルチチュードが同時に反乱を起こす条件ができた、というわけです。しかし、これは完全に的はずれだと思います。

たしかに、帝国主義時代には、ネーションの契機は切り捨てられています。たとえば、資本は自国の労働者を棄てて、他国に向かう。福祉を切り捨てる。しかし、これは国家を解消するものではまったくないのです。まさに国家と資本が、他の国家や資本と競合するために、それを実行しているのだから。また、欧州連合（EU）のように、国家が主権を制限して、連合するようになっている。しかし、これは国家の弱体化ではありません。近代の主権国家という概念は、実際は少数の大国にしかあてはまらない。ほとんどの国は他の国家に従属しているのです。古来、国家は存続するためなら連合や従属をいとわないのです。

たとえば、欧州連合の理論家たちは、それが近代の主権国家を越えるものだと主張していますが、国民国家が「世界経済」によって強いられたものだとしたら、地域的な国家共同体も同様です。ヨーロッパ諸国は、アメリカや日本に対抗するために、欧州連合をつくり、経済的・軍事的な主権を上位組織に譲渡するにいたった。これを近代国家の揚棄であるということはできません。それは世界資本主義（世界市場）の圧力のもとに、諸国家が結束して「広域国家」を形成するということでしかない。

このような広域国家は初めてのものではない。一九三〇年代にドイツが構想した「第三帝国」や日本が構想した「大東亜共栄圏」は、それを先駆けるものでした。そして、それらは英米仏の「ブロック経済」に対抗するものでした。さらに、この時期、こうした広域国家は、「近代世界システム」、すなわち資本主義やネーション＝ステートを超えるものとして表象されていたのです。西ヨーロッパで、このように「ヨーロッパ連邦」をつくろうとする構想はナポレオン以前からもありましたが、その理念的な根拠は、旧来の「帝国」の同一性に見出されたわけです。

もちろん、それを実現する企ては、結局、フランスあるいはドイツの「帝国主義」にしかならなかった。今日、欧州連合の形成にあたって、ヨーロッパ人はそのような過去を忘れてはいません。彼らが帝国主義ではないような「帝国」を実現しようとしていることは明らかです。にもかかわらず、それはあくまで、世界経済の中での「広域国家」でしかない。

他の地域でも同じことが起こっています。むしろ、今日顕著なのは、中国、インド、イスラム圏、ロシアなど、近代の世界システムにおいて周辺部におかれてきた旧来の「世界帝国」が再登場したことです。どの地域でも、国民国家は旧来の世界帝国から分節されてできたものだから、一方で、「文明」の共同性をもっと同様に、分裂と抗争の生々しい過去をもっています。しかし、諸国家がネーションとしてのそれぞれの記憶を括弧《かっこ》に入れ、自らの主権を大幅に制限して共同体を結成するとしたら、彼らが現在の世界資本主義の圧力のほうを切実に感じているからです。ルナンはネーションが形成されるためには歴史の忘却が必要だと述べたけれども、同じことが広域国家の形成についてもいえる。つまり、それらもまた「想像された共同体」あるいは「創造された共同体」にほかならないのです。

——こういう世界分割、かつてのブロック経済化への争覇が今後に進行するのでしょうか。

と思いますね。エネルギー資源を求めた諸国家＝資本の間の闘争が熾烈《しれつ》になると思う。また、そのためのイデオロギーも出てきますね。各国は、その内部では、社会民主主義的になるでしょうが、それは対外的には保護主義です。一国というより、ブロック（経済圏）による保護主義。一九世紀末には、これが帝国主義戦争になっていったのです。

もう一つ大事なのは、そして、これが一九三〇年代との決定的なちがいですが、この「帝国」間の競合において、中国やインド、イスラム圏といった帝国が存在するということです。もちろん、ロシアを忘れてはいけない。このような帝国は、一八世紀まではヨーロッパに優越していたものです。だから、それが再登場したからといって驚くべきではない。

5　革命と平和

――ふーむ。では、どうしたらいいのか。

僕は資本と国家の反復性についていいましたが、逆にいうと、資本と国家に対抗する運動も、それに応じて反復的なのです。すでにいったように、一八四八年革命から一二〇年後に一九六八年革命がありましたが、いわばその中間に、ロシア革命（一九〇五年と一九一七年）があったといえます。また、一八四八年の六〇年前にフランス革命があった。それは図４のようになる。

図4
A　一七八九年フランス革命　⇕　カント『永遠平和のために』（一七九五年）
B　一八四八年
A　一九一七年ロシア革命　⇕　国際連盟（一九二〇年）
B　一九六八年

たとえば、ウォーラーステインは、一八四八年の世界革命を一七八九年の揚棄としてみました。さらに、一九一七年のロシア革命を一八四八年革命の揚棄として、さらに、一九六八年の世界革命を一九一七年の揚棄としてみた（『反システム運動』大月書店、一九九二年）。しかし、これらをたんに継起的な順序でみるのは不毛です。Aの系列（一七八九・一九一七年）は「帝国主義的」段階に起こり、Bの系列（一八四八年・一九六八年）は「自由主義的」段階に起こっているからです。これらのちがいと反復性は、一九九〇年以後を展望するにあたって重要です。

まず、Bの系列からみてみます。これらはイギリスやアメリカがヘゲモニーを握った「自由主義」段階で生じた出来事です。いずれも、資本に対する対抗運動の大がかりな出現でした。が、それらが国家権力を握る革命となる見込みはまったくなかった。その点では、完全な敗北でしかない。が、それらがもつ意味はむしろ別のところにあったのです。

一八四八年の場合、こうしたプロレタリア階級の蜂起は、各国の国家‐資本が社会主義的な政策を実施するように強いた。結果として、それは国家福祉資本主義のプロトタイプを生み出したわけです。一方、一八七〇年以後の「帝国主義」は、国家‐資本をそのようなネーションの束縛から解放するものでした。

つぎに、一九六八年の場合、闘争の主体は、狭い意味での労働者階級ではなく、学生やジェンダー、エスニシティ、人種、セクシュアリティなどにかんして差別されてきた者たちでした。ネグリとハートの言葉でいえば、それはマルチチュードの反乱であった。その結果、各国で、国家福祉資本主義がいっそう徹底されるようになりました。一九八〇年代以後の「新自由主義」は、それに対する国家‐資本の巻き返し——ネーションからの解放——を意味しています。

さらに、Aの系列をみると、つぎのことがわかります。一七八九年の革命は、イギリスとフランスがヘゲモニーを争う「帝国主義的」な時期に生じたのです。フランス革命がもたらしたのは、フランスをイギリスに対抗する「帝国」たらしめる戦争でした。一方、一九一七年の革命は、第一次大戦の結果として生じ、さらに新たな戦争をもたらすものでした。ロシアの革命が結果的にもたらしたのは、列強の中で最も弱体であった敗戦国ロシアを「帝国」として再興することでした。

各地の旧世界帝国が分解されるなかで、国民国家への分割を否定するイデオロギーを提供したのは、ネーションよりも階級を重視するマルクス主義者だけだったのです。ローザ・ルクセンブルクも、階級問題が解決されれば民族問題なんて消えてしまう、と主張しました。

――なるほど、ロシア革命は、帝国を解体したのではなく、更新したというわけですね。それは中国革命も同じですか。

そういう意味をもちますね。いまでも、中国は共産党支配と毛沢東というシンボルを否定すると、多数の国家に分解すると思います。マルクス主義者は資本主義だけを標的にして、国家をみてこなかった。だから、マルクス主義自体が、「帝国」を再建する役割を果たしていることに気づかないのです。

ソ連圏は、ウォーラーステインがいう意味で、「世界＝帝国」でした。つまり、国家によって再分配が管理された機構だったということです。ウィットフォーゲルはそれを、マルクス主義がアジア的専制国家の伝統に屈したと考えたのですが、僕はむしろ、マルクス主義だけが、「世界＝帝国」を再建するイデオロギーたりえたと思います。

話を戻すと、国家と資本への対抗という観点からみれば、Bの系列のほうがAの系列より重要です。しかし、だからといって、今後にBの系列の革命を期待するのはまちがいだと思う。というのは、一九九〇年以後の段階は「帝国主義的」段階であり、そこに革命が生じるとしたら、それはAの系列に属するだろうと考えられるからです。

ウォーラーステインは、一九六八年の革命を世界的規模の反システム運動のリハーサルとみなした。つまり、今後に、一九六八年の大規模な再現があるという見方です。これは、さきほどいったように、ネグリとハートの見方と同じです。しかし、「帝国主義的」段階ではそのようなことはありえない。世界各地の運動は相互に分割されてしまいます。

一九六八年から一九九〇年、そしてその後の歴史を考えるとき、われわれは、その一二〇年前、すなわち、一八四八年から一八七〇年、そしてその後の歴史を参照すべきでしょう。一八七〇年以後の世界で、一八四八年の再現を期待すべくもなかったように、一九九〇年以後の世界で、一九六八年の再現を期すことはできそうもない。そこでは、資源と市場をめぐる国家－資本間の対立が熾烈になり、それが世界戦争につながる可能性があります。むろん、その戦争が結果的にマルチチュードの反乱をもたらすかもしれないが、逆に、それが戦争に導かれるのかもしれない。いずれにしても、二一世紀前半において、国家-資本に対抗する運動は世界戦争を念頭においておくべきです。

――この図4で、カントが出てきますね。『永遠平和のために』(一七九五年/中山元訳、光文社古典新訳文庫、二〇〇六年)が、フランス革命のあとに出版された。

そうですね。一七九五年、フランス革命とともにはじまった帝国主義的な戦争を予感しつつ出版されたのです。一般に、平和とは戦争がない状態を意味している。しかし、カントのいう「平和」は、「いっさいの敵意が終わること」です。それは、国家が存在しないこと、あるいはホッブズ的な自然状態が全面的に終わることを意味します。すなわち、カントのいう「平和」は諸国家の揚棄を意味するわけです。だから、カントのいう「目的の国」あるいは「世界共和国」は、国家と資本が揚棄された社会を意味しているのです。

この意味で、カントの思想はアナーキズムだといってよいのですが、アナーキストとちがって、カントは、国家は他の国家に対して国家なのだ、という認識から出発していた。アナーキストやマルクス主義者は、国家の揚棄を国家の内部だけで考える。それは、国家は二次的な上部構造であるという見方とつながっています。しかし、何度もいうように、国家はつねに他の国家に対して存在するのであり、それゆえに自律的な存在なのです。一国で革命を起こし、国家を廃棄したといっても、ただちに他国からの干渉と侵入があります。パリ・コンミューンはそれによって消滅した。一方、ロシアのソヴィエト（コンミューン）は、他国に対して防衛している間に、それ自体強力な国家になった。そして、スターリンにいたっては、国家は不滅であるということになったわけです。

カントは、国家がそのようなものだという認識のうえで、国家の揚棄がいかに可能であるかを考えたのです。彼がいう国際連邦の構想は、世界共和国という「統整的理念」に近づくための第一歩にすぎません。ヘーゲルはこれを非現実的な理想論として嘲笑したのですが、カントにとって、これはリアリスティックな案でした。実際、カントは、国際連邦を実現するのは人間の理性や善意ではなく、人間の反社会性（敵対性）であり、すなわち戦争であると考えていた。それを、ヘーゲルの「理性の狡知《こうち》」とは異なる、「自然の狡知」と呼んでもよいと思います。

事実、カントの構想はずっと無視されていたのに、一九世紀末、帝国主義段階にいたって息を吹き返しました。それは偶然ではない。カントの構想そのものが「帝国主義的」な段階に生まれたのですから。それは、第一次大戦ののち、国際連盟として実現された。このことは、ロシア革命の陰に隠れていますが、将来には、これが人類史にとって、はるかに重要な出来事であったことが明らかになるだろうと思います。いうまでもなく、国際連盟は提唱した大国アメリカが批准しなかったせいもあって無力であり、第二次大戦を防ぐことができなかった。だが、その結果として、国際連合が実現されたわけです。それもまた無力です。いまも評判が悪い。

しかし、重要なのは、現実の国連ではなく、世界共和国という「統整的理念」です。むしろ、国際連合を否定するような行動は、逆に、それをより強化することに終わるだろうと思います。つぎの世界戦争があれば、もっとましな国際連邦のようなものができるだろうと思います。

――世界戦争にこそ望みがあるということですか。

いや、もちろん、戦争に期待してはいけない。それを阻止しないといけない。実際、それを阻止する運動がなければ、戦後にも何も出てこないのです。ただ、僕が世界共和国とかそういうことをいうと、甘いとか、非現実的な夢想だという連中がいるから、ちょっと脅すためにいっているだけです（笑）。国際連邦がなければ戦争になる。しかし、戦争になれば国際連邦になる。どのみち、これは実現されるに決まっているのです。

第一次大戦において、ヨーロッパの社会民主主義者は、結局、戦争支持にまわりました。それに対して、レーニンは「帝国主義戦争から革命へ」を唱えた。事実、敗戦状態にあったロシアで革命が起こった。日露戦争の後でも、第一次ロシア革命が起こったのですが。しかし、戦争の結果、国家が破綻した状態で権力を握る革命よりも、国家が戦争することを許さない反戦運動のほうが、はるかに革命的であり、社会主義的です。敗戦の結果起こったような革命は、結局、国家を再興するものにしかならない。

一方、国家の戦争を阻止することは、ほとんど国家の揚棄に等しいのです。世界同時革命などありえない。しかし、各国の戦争を阻止し、軍事的主権を制限していく国際連邦を形成することは、漸進的な世界同時革命です。もちろん、国家に任せていたら、こんなことはできない。国家を抑え込むには、国家に対抗できるような「社会」が強くないとできません。僕が社会主義というのは、そういう意味ですね。

6　日本の現状でどうすればよいか

――柄谷さんのいう社会主義を骨格的に話してください。

一九九〇年以後、新自由主義というか、ネーションを犠牲にした資本と国家の運動が続いたわけですが、それが破綻したからといって、資本と国家が終わるわけではない。現在の社会構成体は、資本＝ネーション＝国家なのです。たとえば、資本主義経済では、放っておくと、階級格差が生じます。しかし、ネーションは平等主義ですから、そのような状態を許さない。そして、国家による再分配政策によって、それを何とか解決しようとする。そのように、資本、ネーション、国家が結びついて機能するのが、資本＝ネーション＝国家なのです。

現在、新自由主義の行き過ぎに対して、国家によってそれを規制しようとする動きが各地にあります。僕はそれを一般的に「社会民主主義」と呼びます。これは別に、資本＝ネーション＝国家を越えるものではありません。むしろ「社会民主主義」は、資本＝ネーション＝国家が存続するための一形態である、といってよいと思う。僕が考える「社会」主義は、人々が国家に依存することなしに、アソシエーションによって経済的に自立することを目指すものです。

――NAMを結成された二〇〇〇年のころ、生産者協同組合とか地域通貨のことをいっておられた。いま、これはリアルにみえますね。

不況になると、人が国家による援助や介入を求めるのは、ある意味で、当然です。しかし、僕は、それは真に社会主義的な方向には向かわないと思う。それは、実際は、国家資本主義です。それは他国を考えない保護主義になる。オバマ大統領もそうなるでしょう。

それに対して、僕は国家に依存せず、また、資本主義的な競争から逃れたところに、アソシエーションの経済を創ることを提唱した。生産者＝消費者協同組合、ワーカーズ・コレクティブ[*18]のような企業、そして、地域通貨と金融です。二〇〇〇年の時点に比べれば、現在、こういうことのリアリティが出てきたことはまちがいないですが、僕は、日本にかんしては、もっと別の問題があると思っています。

日本に欠けているのは、「社会」の強さですね。社会主義というのは、「社会」が強くないと成立しないのです。

僕の理論は普遍的であって、とくに日本に限定されない。僕はNAMの運動をはじめてから、というよりそれ以前からもそうなのですが、考えていたのは、日本にアソシエーションの伝統がないということでした。それがあるところでアソシエーションの運動をやるのと、そうでないところでやるのはちがいます。

僕は八〇年代に、「単独者」というようなことをいっていました。それは、共同体に対して対抗できるような個人というイメージでした。単独者とは、一人でいる私人ではなく、原子的な状態の個人でもなくて、他人と連帯できる個人をさすのです。シュティルナーが「単独者」といったときも同じ意味です。単独者が創る共同体が、アソシエーションなのです。

――「単独者」と他の諸々の「共同体」についての考えを、もっと。

単独者というのは、共同体に背を向けて内部に閉じこもった個人という意味ではないですよ。しかし、そのように受けとられたように思います。文学にはそういうイメージがあるのです。それは必ずしも悪いことではないですよ。共同体のなかにべったりと生きている個人は、単独者ではありえない。そして、共同体から一度離れた個人、つまり単独者でなければ、他者と連帯できない。だから、そのような孤立の面を強調する傾向があったと思います。

ただ、そういう考え方がだんだん通用しなくなった。それに気づいたのは、一九九〇年代ですね。というのは、この時期に、それまであったさまざまな共同体、中間団体のようなものが一斉に解体されるか、牙を抜かれてしまったからです。総評から、創価学会、部落解放同盟にいたるまで。企業ももはや終身雇用の共同体ではなくなった。共同体は、各所で消滅していた。

では、個人はどうなったのか。共同体の消滅とともに、共同体に対して自立するような個人もいなくなる。まったく私的であるか、アトム（原子）化した個人だけが残った。こういう個人は、公共的な場には出てこない。もちろん、彼らは選挙に投票するでしょうし、2ちゃんねるに意見を書き込むでしょう。しかし、たとえば、街頭のデモで意見を表明するようなことはしない。欧米だけでなく、隣の韓国でも、デモは多い。日本にはありません。イラク戦争の時でも、沖縄をのぞいて、デモがほとんどなかった。

そこで、いろいろ考えたのですが、個人というものは、一定の集団の中で形成されるのだ、という、ある意味では当たり前の事柄に想到したのです。ただ、それがどういう集団であるかが大事です。

たとえば、宮崎学《みやざきまなぶ》は『法と掟と——頼りにできるのは、「俺」と「俺たち」だけだ！』（洋泉社、二〇〇五年）という本の中で、「個別社会」ということをいっています。社会学では部分社会と全体社会という区別がありますが、宮崎は部分社会のほうをとくに個別社会と呼んでいる。部分社会といっても、全体を構成する一部ではなく、むしろ全体社会から独立し、かつ抵抗するような部分社会を、そのように呼ぶわけです。たとえば政治学などでは、習俗とか村落などを、国家と個人との間に実在するさまざまな集団の象徴として、中間団体あるいは中間勢力といいます。この中間団体、中間勢力というのは、モンテスキューの考えなのですが、宮崎のいう個別社会は、それとほぼ同じ意味です。ただ、宮崎の独自な認識は、全体社会と個別社会を、法と掟という観点から区別したことにあります。

たとえば、村の共同体でもいいし、宮崎がいうやくざの組織でもいいのですが、個別社会には、そのなかで共有されている規範があります。それを掟と呼ぶことにします。それは明文化されていないし、罰則もないけれども、人はめったにそれを破らない。掟で禁じられていることをやれば、いわば村八分にされるからです。

一方、法というのは、個別社会の外で、もはや掟が通用しないようなところに成立します。たとえば、国民国家のように抽象的な「全体社会」の中で共有されている規範は、掟ではなく、法です。たとえば、家のなかでどんなに暴力沙汰になっても、警察を呼ぶことはめったにありませんね。なんとか家庭のなかで、あるいは親戚や知り合いの間で解決する。そして、それではどうにもならなくなれば警察が呼ばれる、つまり、法が出てくるわけです。いずれも共同の規範なのですが、個別社会の掟と、全体社会の法はちがっています。

ところで、宮崎によると、日本の社会ではそういう区別が成り立たない。掟をもった自治的な個別社会が稀薄である、という。その原因は、日本が明治以降、封建時代にあった自治的な個別社会を全面的に解体して、人をすべて全体社会に吸収して、急速な近代化を遂げたことにある。それに対してヨーロッパでは、近代化は自治都市、協同組合、ギルドその他のアソシエーションが強化されるかたちで徐々に起こった。「社会」というのはそういう個別社会のネットワークをさすわけです。それが国家と区別されるのは当然です。

ところが日本では、個別社会が弱いために、社会がそのまま国家である。そして日本を支配しているのは、国家でも法でもなくて、正体不明の「世間」であると、宮崎はいうわけです。日本は、自治性をもった個別社会を解体したために、国民国家と産業資本主義の急激な形成に成功はしたけれども、それはいまやグローバリゼーションのもとでは通用しなくなっている、というわけです。

それに対して、中国では、個別社会が非常に強い。中国では個別社会――幇《パン》や親族組織――が強く、それが国民《ネーション》の形成を妨げてきた。そのために、中国の近代化は遅れた。しかし、中国には、国境を越えた個別社会のネットワークがある。逆に、今日のグローバル資本主義経済のもとでは、それが強みとなっている。一方、日本にはそれがないということが、弱みとなりつつある、と宮崎は考察しています。

僕はこのような見方に賛成です。しかし、このような見方は、じつは、丸山眞男がいっていたのと同じなんですよ。丸山眞男は、個別社会という言葉を使いませんが、それと同じものを、モンテスキューから借りて、中間勢力と呼んでいます。そのことについては、あとで説明しますが、ここでいっておきたいのは、つぎのことです。丸山眞男は、近代主義者、市民主義者、そして、進歩的知識人の典型とみなされて、やっつけられてきました。しかし、彼がいっていることは、必ずしも「進歩主義的」ではないのです。

たとえば、彼は、西洋において「学問の自由」という伝統をつくったのは、進歩派ではなく、古い勢力、中間勢力だといっています。つまり、国家が教育の権利を握ることに教会が抵抗したことから、学問の自由が成立した。ところが、明治日本では、国家が教育の権利をやすやすと握った。それは、徳川体制のもとで、仏教団体がたんなる行政機関になっていたからですね。こうして、丸山眞男は、日本の近代化の速さの秘密は、封建的＝身分的中間勢力の抵抗がもろいところにある、というのです。いいかえれば、中間団体が弱いところでは、個人も弱いのです。

前にもいいましたが、一九九〇年代に、日本のなかから中間勢力・中間団体が消滅しました。国労、創価学会、部落解放同盟……。教授会自治をもった大学もそうですね。このような中間勢力はどのようにしてつぶされたか。メディアのキャンペーンで一斉に非難されたのです。封建的で、不合理、非効率的だ、これでは海外との競争に勝てない、と。小泉の言葉でいえば、「守旧勢力」です。これに抵抗することは難しかった。実際、大学教授会は古くさい。国鉄はサービスがひどい。解放同盟は糾弾闘争で悪名高い。たしかに、批判されるべき面がある。これを擁護するのは、難しいのです。

しかし、中間勢力とは一般にこういうものだというべきです。たとえば、モンテスキューは、民主主義を保障する中間勢力を、貴族と教会に見出したわけですが、両方ともひどいものです。だから、フランス革命で、このような勢力がつぶされたのも当然です。こうした中間勢力を擁護するのは難しい。だから、一斉に非難されると、つぶされてしまう。その結果、専制に抵抗する集団がなくなってしまう。

――日本における、その中間勢力の分析を。

日本で中間勢力がほぼ消滅したのが二〇〇〇年です。そこに、小泉政権が出てきたわけです。もう敵はいない。彼は中間勢力の残党を、「守旧勢力」と呼んで一掃したわけです。さきほど、モンテスキューが、中間勢力がない社会は専制国家になるといったことを述べましたが、その意味で、日本は専制社会になったと思います。いかなる意味でそうなのか。その一つの例が、日本にはデモがないということです。

現在の専制的社会は、別に、専制君主や軍事的な独裁者が支配する社会ではありません。全体主義ではない。そのような専制国家にくらべれば、日本は、国民主権の体制であり、代表制民主主義の国です。では、なぜそれが専制国家なのか。それをみるために、代議制民主主義について考える必要があります。そこでは、国民は、総選挙を通して、立法や行政の権力を決定することができることになっています。だが、実際はどうか。

代議制においては、個々人が投票します。しかし、そのとき、個々人は、具体的な個別社会を捨象した、抽象的な個人としてしか存在できない。各人は密室のように隔離されたところで投票用紙に名を書き込む。個人は他人と出会うことはありません。では、主権者である国民は、どこにいるのか。代議制において、国民は、いわば「支持率」というかたちでしか存在しません。それは、統計学的に処理される「幽霊」的存在である。たとえば、テレビの業界では視聴率が支配しています。誰がテレビをみているのかはわからない。ただ、統計学的な数値が支配する。

国民が主権者であるといっても、どこにも明確な個人は存在しない。視聴率と同様に、正体不明の支持率が存在するだけです。各人は、あたえられた候補者や政党から、選びます。しかし、これは政治的な参加だろうか。各人に可能なのは、代表者を選ぶことだけです。モンテスキューは、代議制は貴族政ないし寡頭政だといいました。それに対して、民主主義の本質は、くじ引きにある、と。つまり、行政における実際上の権利において平等であることが、民主政なのです。

代議制が貴族政だということは、今日、かえって露骨に示されています。たとえば、日本の政治家の有力者は、二世、三世、あるいは四世です。彼らは、各地方の殿様のようなものだ。その点では、徳川時代と変わりません。むしろ、徳川時代のほうがましでしょう。現在の日本は、国家官僚と資本によって、完全にコントロールされている。だから、専制国家だ、というのです。

では、専制国家から出るためにどうすればよいか。一言でいえば、代議制以外の政治的行為を求めることですね。代議制とは、代表者を選ぶ寡頭政です。それは民衆が参加するデモクラシーではありません。デモクラシーは、議会ではなく、議会の外の政治活動、たとえば、デモのようなかたちでのみ実現されると思います。

――非常に勇気づけられる意見です。民主主義の根本は、一票で解消できはしないと、選挙制度だけではないと。

六〇年安保のときに、首相の岸信介《きしのぶすけ》がなかなかいいことをいった。安保のデモにたくさん人が来ているけど、後楽園球場の観客のほうが連日もっと多いって（笑）。

――「声なき声」は後楽園で野球を観ているってね。そうしたらますますデモ隊が多くなっちゃって（笑）。

たしかに、多いといっても、デモに来る人は少ない。しかし、人がそこまで行動することが大きいのです。岸信介もそれに脅威を感じたはずです。議会選挙があるのだから、デモで政局を変えるのは民主主義的でない、という人たちがいまもいます。しかし、代議制だけならば、民主主義ではありえない。実際、アメリカでも、デモが多い。選挙運動そのものもデモのようなものです。デモのような行為が、民主主義を支えるのです。

――柄谷さんは昔、一九六七年の一〇・八羽田闘争[*19]、つまり佐藤首相のベトナム訪問に反対する闘いのときに使われたゲバ棒はシンボルにすべきであって、それ以上の発展を考えたら、現代の支配者の軍事水準をふくめて、マンガチックにならざるをえない、ということをおっしゃられたと思います。それはそうだと思いますが、庶民が自分たちで暴力を用いようとするときには、始原的には石とか棒きれとかから、だんだん発展していく。いまは、原水爆もあるし、クラスター爆弾もある。そのへんの暴力論というのを聞かせてください。

暴力革命についていっておくと、市民（ブルジョア）革命はすべて暴力革命でした。なぜなら、その前の体制が暴力的なものだからです。先進国はすべて暴力革命を経てきた。だから、いまも、暴力的な支配体制がある地域で、暴力革命があったとしても、それを非難するのはおこがましい。とはいえ、先進国の人間がそれにあこがれて真似をするのは、ばかばかしい。

僕はたとえば、デモで警官と衝突したり石を投げたりすることなどは、暴力的闘争だと思いませんね。たんにシンボリックなものにすぎない。アメリカのデモでも、それはありますよ。たとえば、ニューヨークで一〇万人のデモがあれば、必ず警察と衝突して何人かは逮捕されている。しかし、そんな行為は、政府にとって脅威ではない。政府にとって脅威なのは、その背後にある大量のデモですよ。六〇年安保のデモは、連日、何百万もいた。これは脅威です。これがないと、全学連の過激なデモも意味がない。それだけなら、国家にとって脅威ではない。

先に、現在の日本にはデモがない、といいましたけど、その話の続きをします。日本人がデモに行かないということは、大衆社会や消費社会のせいだという人がいるし、また、ネットなどさまざまな政治活動・発言の手段があるという人がいます。しかし、それは一般論であって、日本の状況をとくに説明するものではない。アソシエーションの伝統のあるところでは、インターネットはそれを助長するように機能する可能性があります。しかし、日本のようなところでは、インターネットは「原子化する個人」のタイプを増大させるだけです。

――そう、「原子化する個人」ですね。

匿名で意見を述べる人は、現実に他人と接触しません。一般的にいって、匿名状態で解放された欲望が政治と結びつくとき、排外的・差別的な運動に傾くことに注意すべきです。だから、ここから出てくるのは、政治的にはファシズムです。しかし、それは当たり前なのだから、ほうっておくほかない。2ちゃんねるで、人を説得しようなどとしてはいけない。場所あるいは構造が、主体をつくるのです。その証拠に、匿名でない状態におかれると、人はただちに意見を変えます。

だから、日本では、デモは革命のために必要だというようなものではない。とりあえず、デモが存在することが大事なのです。しかし、そのためには、アソシエーションがなければならない。昔、デモがあったのは、結局、労働組合があったからですよ。安保闘争の時、デモに対して日当が払われているという中傷的な宣伝がなされたけど、あれは組合が毎月積み立てたものですね。休日でない日に労働者がデモをすれば、どうなるか。賃金カットに決まっています。だから、前もって積み立てておいた。そういう準備をした集団が核になっていないと、デモはできません。学生だけのデモになってしまう。

だから、アソシエーションを創ること。それがとくに日本では大事なんだと思います。個人（単独者）はその中で鍛えられるのです。日本ではもう共同体がないのだから、もうそれを恐れる必要がない。自発的に創ればよいわけです。多くの国ではそういかないですよ。部族が強いし、宗派も強い。エスニック組織も強い。それらが国家よりも強くなっている。ネーションができないほどです。逆に、日本では、もっと「社会」を強くする必要がありますね。そして、それは不可能ではない、と思います。

第四章　文学の話

――最後に、文学のことをうかがいたいのですが。文学の話だったら、インタビューを断るというお話だったので(笑)、おそるおそる聞いてみるんですが。

やっぱりいやですね(笑)。

――『近代文学の終り――柄谷行人の現在』(インスクリプト)という本を、二〇〇五年に出された。これはわれわれには衝撃でした。

あれはそういうタイトルですが、中身は、『トランスクリティーク』をはじめとする、近年の仕事をめぐる座談が中心です。それから、僕が「近代文学の終り」というのは、別に

「文学の終り」という意味ではないですよ。特殊な文学、というより、特殊な意味をあたえられた文学の終わりです。文学を特別に重視するような時代の終わりです。それは文学批評の終わりでもありますね。文学を素材にすることで、何かができたような時代が終わるわけだから。

文学は昔からあったし、これからもあるでしょう。昔、文学は近代文学におけるように特別の価値をもっていなかった。今後はそれと同じようになる。つまり、近代文学においてあったような特別な価値をあたえられることはない。しかし、それでいいのではないですか。

——それを聞いて安心しました。私がなんで小説を書くかというと、はっきりと、お金がほしいからです（笑）。小説は「かたち」だけでも、とくにエンターテインメントは、残る気がします。

エンターテインメントは、滅びないんじゃないですか。

——お墨付きをいただいて、嬉しいかぎり（笑）。

これは文学に限らないので、他の芸術領域でも同じことが起こっています。近代には、芸術に特別の価値づけがなされた。これは国民国家にとって不可欠だったからですね。今後も必要だから、国家が保護するでしょうね。しかし、そんなものは僕にはどうでもいいですよ。

前にいいましたけど、僕が文学から離れようと思ったのは、だいぶ前からですね。一九八〇年には一度、文学批評をやめた。しかし、その時、病気になった。だから、僕にはやはり文学が必要なのかもしれない、と思いました。それ以後、文学とつきあってきましたが、そんなに積極的ではなかったね。

文学とつきあった理由の一つは、中上健次がいたことですね。彼のほうからいつも何かいってきた。だから、彼が死んだ一九九二年以後、僕を文学の現場につなぎとめる力はなくなったのです。ただ、彼の死後、全集を編集したり、彼が残した「熊野大学」で毎年シンポジウムをしたりしたことで、結局、文学と関係していたわけです。また、編集者への義理があって、新人賞（群像新人賞と野間文芸新人賞）の選考委員を長くやっていました。

しかし、一九九九年の末に、それを全部やめた。ところが、僕がやめたのに、そのことがわからない人たちがいて、相変らず何だかだいってくる。だから、声明のようなものを出す必要があったのです。それが「近代文学の終り」という論文ですね。

――柄谷さんがやめて、文学状況がだいぶ変わった気がしますけれど。

そうかもしれないが、僕がいてもいなくてもそうなるんじゃないですか。僕ひとりでどうにかなるようなものじゃない。

――さきほど、中上健次の話が出ましたが、彼と柄谷さんの出会いと別れ――彼は早くして死にましたからね――について、語っていただきたいのですが。

一九六八年、僕が二六歳、中上が二一歳のころに会いました。それはたんなる偶然ではないです。二人とも、「群像新人賞」（小説部門と評論部門）に応募して、最終選考まで残ったのです。当時、小説家の遠藤周作《えんどうしゅうさく》が、雑誌「三田文学」の編集長に就任したのですが、新人発掘を考えて、その手っとり早い方法として、「群像」編集部に頼んで、新人賞の最終選考に残って選外になった原稿を読ませてもらったのです。そして、小説は中上、評論は僕を選んで、僕らに会いたいといってきた。会うと、これを「三田文学」に載せたい、という。しかし、中上も僕も即座に断った。彼もそうだったけど、僕はすでに新たな評論を書いていたときだったし。実際、それが一九六九年五月に当選したわけです。そのとき、帰りがけに、喫茶店で話したのが最初ですね。

――ほかに、中上さんに関するエピソードというか、事件みたいなのがあったらあげていただけますか。

それでは文学の話になってしまうから（笑）、やめておきます。以前に『坂口安吾と中上健次』（太田出版、一九九六年／講談社文芸文庫、二〇〇六年）という本も出しているし、大体、そこに書いてある。

ただ、今回のインタビューはもっぱら一九六〇年以後の政治的な体験に関するものだと思うので、その面から話したいと思います。最初に会ったころの中上は、一方で、当時フーテンと呼ばれていましたが、一種ヒッピーのような生活をしており、他方で、早稲田大学の学生運動（ブント系）に参加していた。実際は浪人中だったのですが、学生とまちがえられていたらしいです。一九六七年の秋に、羽田空港のデモにも行っていた。その後に、羽田空港で荷役の労働をするようになったのですが。その意味で、中上にとって、一九六八年は一つの原点になっていると思います。

以後、中上と僕は、小説を書くとか批評を書くとかというようなことを超えて、一緒に公的に活動するということがよくあった。その場合、僕は自分の習性として引っ込み思案なんですよ。「やめとこう」と思ってしまう。それなのにいろいろやってきたのは、中上のせいですよ。彼は強引にいろいろいってくる。それでまあ、ちょっとつきあう。すると僕に全部お鉢が回ってくる。世の中では、僕のほうがちゃんとしゃべると思ってやってくるから（笑）。しかし、中上のほうは僕を盛りたてようとしてやっていたらしいです。

中上健次と最後に一緒に活動したのが、一九九一年湾岸戦争の時ですね。これも彼のほうから電話でいってきた。最初、「ニューヨーク・タイムズ」に安部公房《あべこうぼう》と三人で、戦争反対の意見広告を出そうという。日本で何もやっていないのに、そんなことをしたくないと僕はいった。じゃあ、すぐに集会をやろうと、彼がいい出した。それが発端です。中上がいなかったら、何もやっていなかったでしょうね。その集会のころですが、中上が、「柄谷は毛沢東で、俺は周恩来《しゅうおんらい》だ」といった。「よくいうよ」と思ったね（笑）。

その翌年に、彼は癌で亡くなった。それから、文学と僕の絆はなくなった気がしますね。ただ、先にいったように、『中上健次全集』（全一五巻、集英社、一九九五〜九六年）を刊行したり、中上が遺した「熊野大学」を手伝ったりしたので、いっぺんにやめたわけじゃない。しかし「熊野大学」のシンポジウムも二〇〇八年を最後に引退しました。若い人たちが続けてやりますが、僕はやめる。僕がやめて、なくなってしまうとは思わない。中上健次を読む人は、今後に出てくるだろう。僕がいないほうが、その可能性がある。僕がやっていると、柄谷の読者は来るが、中上の新しい読者が出てこない。それでは、意味がない。僕や中上の知人とは無関係に、中上を読む人が出てくることを願っています。

――柄谷さんは、なんか解散するのが好きなんですかね。「批評空間」なんかも、みんながもっとやってほしいと思っていたのに、やめてしまったし。

別に好きでやめたわけじゃないけどね。僕は、どうせ終わるなら、まだまだやれると思えるところでやめたほうがいい、という考えがありますね。ぐずぐずと引き延ばすより。「批評空間」を解散させたときは、創設者が僕であっても、共同のものであり、すでに公器なのだから、勝手に解散させる権利はないという人がいた。しかし、くだらない評論しか書けないお前らにそんなことをいわれる筋合いはない、といって、断固として解散しました。

文句があれば、君らが勝手につくればいいじゃないか。

僕はその前に、NAMも解散しました。そのときも、僕が創設したものであっても、すでに多数の人間が共同的につくりあげたものだから、僕が解散させるのは専制的という人たちがいた。しかし、そんなことはない。この先、ひどいものになることがわかっていた。その場合、たとえ僕がいなくても、それは僕の責任になる。だから、僕が解散させるほかないのです。また新たにつくればよいのだから。

しかし、みんななかなかやめないですよ。それでいうと、新左翼の諸党派は、もっと前に解散すべきだった。存続しても、何の意味もない。革マルなどは、国鉄の民営化、労働組合の解体に貢献しただけです。組織を確保するために、こんなことをやるのは本末転倒でしょう。そもそもセクト間で殺しあってきたような組織を、今後に、人が支持することはありえない。

いまさらやめられないからやる、やりつづけるためにその理由を見出す。何だって、存在するものには、意味があるでしょう。しかし、そのような意味で存在してもしようがない。どこかでやめるべきだ。それをいえるのは指導者だけです。でもそれがいえない。それをいうには勇気がいる。だから、僕は昔から、「革命的引退」を勧めてきました。彼らが引退すれば新たな道が開けてくるのだから、そのほうが革命的です。

この前、アメリカ人の友人と話していたときに、譬《たと》え話として、こういうことをいった。たとえば、結婚していて相手がいやになった場合、「次の相手を見つけてから離婚するか、離婚してから相手を探すか」って（笑）。彼は「離婚してから探す」といった。僕も同感です。男女関係だと、そうはうまくいかないけどね（笑）。政治的な問題だと、ぐずぐずと先延ばしするより、さっさと離婚したほうがいいですよ。つまり、どうしようもなくなる前に、組織を解散したらいいのです。それから、考え直す。そうすると、何か新しいものがみえてきますよ。新しい人たちが出てきます。

——離婚が先かどうかはともかく、新しい人たちに出てきてほしいですね。いろいろ考えさせられる話、二日間にわたって本当にありがとうございました。さまざまな人が大きな刺激を受けると思います。

第二部　反原発デモが日本を変える

聞き手・明石健五（「週刊読書人」編集長）

震災直後に起こった福島第一原発の事故を契機に、日本国内のみならず、海外でも「反原発・脱原発デモ」が相次いでいる。東京においても、二〇一一年四月一〇日の高円寺デモ、二四日の代々木公園のパレードと芝公園デモ、五月七日の渋谷区役所〜表参道デモと続き、六月一一日には、全国で大規模なデモが行なわれた。作家や評論家など知識人の参加者も目立つ。柄谷行人氏は、六〇年安保闘争時のデモ以来、芝公園のデモに、およそ五〇年ぶりに参加した。今後、この動きは、どのような方向に向かい、果たして原発廃棄は実現可能なのか。柄谷氏は、六月二一日刊行の『大震災のなかで私たちは何をすべきか』（内橋克人《うちはしかつと》編、岩波新書）にも、「原発震災と日本」を寄稿している。柄谷氏に、お話をうかがった。

1　原発を支える資本＝国家

最初に言っておきたいことがあります。地震が起こり、原発災害が起こって以来、日本人が忘れてしまっていることがあります。今年の三月まで、一体何が語られていたのか。リーマンショック以後の世界資本主義の危機と、少子化高齢化による日本経済の避けがたい衰退、そして、低成長社会にどう生きるか、というようなことです。別に地震のせいで、日本経済がだめになったのではない。今後、近いうちに、世界経済の危機が必ず訪れる。それなのに、「地震からの復興とビジネスチャンス」とか言っている人たちがいる。また、「自然エネルギーへの移行」と言う人たちがいる。こういう考えの前提には、経済成長を維持し世界資本主義の中での競争を続けるという考えがあるわけです。しかし、そのように言う人たちは、少し前まで彼らが恐れていたはずのことを完全に没却《ぼっきゃく》している。もともと、世界経済の破綻が迫っていたのだし、まちがいなく、今後にそれが来ます。

日本の場合、低成長社会という現実の中で、脱資本主義化を目指すという傾向が少し出てきていました。しかし、地震と原発事故のせいで、日本人はそれを忘れてしまった。まるで、まだ経済成長が可能であるかのように考えている。だから、原発がやはり必要だとか、自然エネルギーに切り換えようとかいう。しかし、そもそもエネルギー使用を減らせばいいのです。原発事故によって、それを実行しやすい環境ができたと思うんですが、そうは考えない。あいかわらず、無駄なものをいろいろ作って、消費して、それで仕事を増やそうというケインズ主義的思考が残っています。地震のあと、むしろそのような論調が強くなった。もちろん、そんなものはうまく行きやしないのです。といっても、それは、地震のせいではないですよ。それは産業資本主義そのものの本性によるものですから。

原発は、資本＝国家が必死に推進してきたものです。原発について考えてみてわかったことの一つは、原発が必要であるという、その正当化の理論が日本では歴史的に著しく変わってきたということです。最初は、原子力の平和利用という名目で、核兵器に取り組むことでした。これはアメリカの案でもあり、朝鮮戦争ぐらいから始まった。このような動機は、表向き言われたことはありませんが、現在も続いている。つぎに、オイルショックの頃に、石油資源が有限であるという理由で、火力発電に代わるものとして原発の建設が進められるようになった。これもアメリカの戦略ですね。中東の産油国を抑えられなくなったので、原子力発電によって対抗しようとした、といえる。その次に出てきたのが、火力発電は炭酸ガスを出すから温暖化につながる、したがって、原発以外にはない、というキャンペーンです。実際には、原発はウラン燃料作り、原発建設、放射能の後始末などで、炭酸ガスの放出量は火力発電と違わない。だから、まったくの虚偽です。

このように、原発正当化の理由がころころ変わるのは、アメリカのブッシュ政権時のイラク戦争と同じです。つまり、最初は大量破壊兵器があると言って、戦争をはじめたのに、それがないことが判明すると、イラクの民主化のためだと言う。途中で理由を変えるのは、それが虚偽であること、真の動機を隠すためだということを証明するものです。真の動機はいうまでもなく、石油の利権である。原発に関しても同じです。それが必要だという理由がころころ変わるということ自体、それが虚偽である証拠です。真の動機は核兵器を作ることにあると思います。

フクシマのあと、脱原発に踏み切った国を見ると、核兵器を持っていないところですね。ドイツやイタリアがそうです。この二カ国は日本と一緒に元枢軸国だったのです。ところが、日本はそうしない。それは、本当は、日本国家が核兵器をもつ野心があるからだと思います。韓国もそうですね。ロシアやインドは、もちろん核兵器を持っている。核兵器を持っている国、あるいはこれから作りたい国は、原発をやめないと思います。ウランを使う原子炉からは、プルトニウムが作られますからね。

原発は経済合理的に考えると成り立たない。今ある核廃棄物を片付けるだけで、どれだけのお金がかかるのか。でも、経済的に見て非合理的なことをやるのが、国家なのです。具体的には、軍ですね。軍は常に敵のことを考えているので、敵国に核兵器があれば、核兵器を持つほかない。持たないなら、持っている国に頼らなければならない。できるかぎり自分たちで核兵器を作り所有したいという国家意志が出てきます。そこに経済的な損得計算はありません。そんなものは不経済に決まっていますが、国家はやらざるをえない。もちろん、軍需産業には利益がありますよ。アメリカの軍需産業は戦争を待望している。日本でも同じです。三菱はいうまでもなく、東芝や日立にしても、軍需産業であって、原発建設はその一環です。他国にも原発を売り込んでいますね。日本で原発をやめたら、外国に売ることもできなくなるから困る。だから原発を止めることは許しがたい。したがって、原発を止めるということは、もっと根本的に、軍備の放棄、戦争の放棄ということになっていく問題だと思います。

2　直接行動がないと民主主義は死ぬ

――四月二四日のデモについて、おうかがいします。柄谷さんは、ご自身が講師を務める市民講座「長池《ながいけ》講義」の公式サイトで、「私は、現状において、反原発のデモを拡大していくことが最重要であると考えます」と述べ、反原発デモへの参加を呼びかけられました。実際に芝公園と、その次の渋谷区役所前のデモに参加された。街頭デモへの参加は五〇年ぶりのことであり、何が柄谷さんをこの運動に向かわせたのか、お聞かせいただけますか。

デモに行くということについては、かなり以前から議論していたと思います。数年前から、何カ所かで、「なぜデモをしないのか」という講演をしたのです。この本の第一部「政治を語る」の中でも、その話をしています。なぜ日本でデモがなくなってしまったのか。そのことについても考察しています。それと関連する話ですが、三月一一日以降に、わかってきたことがあります。実際は、一九八〇年代には日本に大規模な原発反対の運動があったのです。それなのに、なぜ今日まで、五四基もの原発が作られるに至ったのか。そのことと、なぜデモがなくなったのかということは、平行しており、別の話ではないということです。

現在言われている反原発の議論は、一九八〇年代に既に全部言われていることですね。事実、多くの本が復刻されて読まれている。今も完全に通用するのです。むしろ驚くべきことは、あの時に言われていた原発の危険性、技術的な欠陥、それらが未だに何一つ解決されていないということです。原発はまた、危険であるがゆえに避けられない過酷な労働を伴います。半奴隷的と言ってもいい労働が、ずっと続けられてきた。今度の事故で、あらためてそのことに気づかされました。原発に反対すべき理由は、今度の事故で新たに発見されたのではない。それは一九八〇年代においてはっきりしていたのです。しかし、それなら、なぜ原発建設を放置してしまったのか。特に強制があったわけでもないのに、原発に反対することができなくなるような状態があったのです。

デモについても、同じことです。デモは別に禁止されてもいないのに、できなくなってい た。では、この状態を突破するには、どうすればいいか。そのことを、僕は考えていました。そこで、デモについていろいろ考え発言したのですが、結局、まず自分がデモをやるほかないんですよ。なぜデモをやらないのかというような「評論」を言ってたってしょうがない。それでは、いつまで経っても、デモがはじまらない。デモが起こったことがニュースになること自体、おかしいと思う。だけど、それをおかしいというためには、現に自分がデモに行くしかない、と思った。

――参加されて、どんな感想をお持ちになりましたか。

気持よかったですね。参加した人もこれまで、デモについての固定観念を持っていたと思うのですが、来てみたら全然違う、と感じたんじゃないですか。子供連れで来ている人がかなりいました。僕は安保の時に何度もデモに行きましたが、今回のデモは、あの時とは違いますね。しかし、僕がデモに五〇年ぶりに参加したというのは、日本において、ということです。じつは、アメリカに住んでいた頃は、何度かデモに行ってるんですよ。といっても、わざわざ出かけて行ったのではない。たとえば、一〇万人のデモが家の前を通っていて、そこを通り抜けないと、カフェにも行けない。だから、ついでにデモに参加したわけです。むろん、イラク戦争反対のデモだったからですが。今回の日本のデモは、そのときのデモに似ています。

――安保の時とは違うと言われましたが、どのような違いがあったのでしょうか。

一九五九年の段階では、基本的に労働組合が中心で、その先端に学生のデモがあったのです。「全学連」のデモといっても、国民共闘会議による長いデモの先頭にいたんですね。何十万人の参加者の中の、一万か二万ぐらいが学生だった。

――一緒にやっていたわけですか？

そうですね。ただ、一九五九年の一一・二七デモ（国会議事堂構内集会）以後、学生と労働者のデモが断絶しました。それでも、六〇年の六月には、それらが自然発生的に融合したのです。それが安保闘争の頂点です。

ただし、それ以後再び、学生と労働者との断絶が続きました。一九六〇年代末の、いわゆる全共闘のころは、学生のデモは労働運動とはつながりがほとんどなかった。その分、デモは過激なものになって、普通の市民は参加できない。だから、いよいよ断絶化する。したがって、一九六〇年以後は、大規模な国民的デモはなかった、といっていいと思います。しかし、現在は、大学の学生自治会はないし、労働組合も弱い。早い話が、東電の労組は原発支持ですね。労働組合に支持された民主党も、原発支持です。こんな連中がデモをやるはずがない。だから、現在のデモは、固定した組織に属さない個人が集まったアソシエーションによって行われています。たとえば、僕ら（長池評議会のメンバー）は五〇人ほどですが、その種の小さいグループが、いっぱいあると思います。今後も、若い人たちがデモをやるならば、僕は一緒に動きます。

――一九九一年の湾岸戦争の時、日本の参戦に反対する「文学者の集会」を、柄谷さんは開かれました。その時のことを振り返って、「僕だけなら何もしなかった」「(自分は)受身である場合が多い」とおっしゃっています(第一部「政治を語る」)。今回は自ら呼びかけをされました。今後もそれは続けていくということでしょうか。

僕は他の人たちがやっているデモに相乗りしているだけであって、自分ではじめたのではない。その意味で受け身です。しかし、それは問題ではない。僕は、運動の中心にならなければならないとは、まったく考えていない。デモがあれば、そこに行けばいい。ただ、たとえデモがあったとしても、ひとりではなかなか参加できないものなんですよ。それなりに連合していないとデモはできないと思います。だからアソシエーションが必要だと言っているわけです。

――「政治を語る」の中では、二〇〇〇年にNAMをはじめた時のことを振り返って、次のように言われています。「この時期に運動をはじめたのは、理論的なこともそうですが、現実に危機感があったからですね。一九九〇年代に、日本で『新自由主義』化が進行した。いつでも戦争ができる体制ができあがっていた。僕は、『批評空間』をやっている間、それに抵抗しようとしましたが、無力でした。たんなる批評ではだめだと思うようになった。だから、社会運動を開始しようと思った」（82～83ページ）。その時の思いと、今回の行動は繋がっているど考えてもよろしいのでしょうか。NAMの正式名称（New Associationist Movement）が示す通り、当時から、アソシエーションの必要性を強調されていました。

今もそれは同じです。当時、アソシエーションというとき、協同組合や地域通貨といったもの、つまり、非資本主義的な経済の創造を考えていたのですが、それはむろん、今後にますます必要になると思います。特に経済的な危機が来たら。

二〇世紀末に、それまでの「批評」ではだめだと思ったのは、ソ連崩壊以後の世界が根本的に変わってきたと感じたからです。それまでの「批評」あるいは「現代思想」というのは、米ソの冷戦構造の下に出てきたものですね。簡単にいえば、米ソによる二項対立的世界を脱構築する、というようなものです。実際には何もしないし、できない。米ソのどちらをも批判していれば、何もしないのに、何かやっているという気になれた。しかし、ソ連が崩壊したことで、このような世界は崩壊しました。米ソの冷戦構造が終わったことを端的に示したのが、湾岸戦争ですね。そのとき、僕は、今までのようなスタンスはもう通用しないと思った。だから、湾岸戦争の時に、文学者を集めた反戦集会をやったのです。しかし、それに対して僕を批判した連中が大勢いましたね。もと全共闘というような人たちです。たぶん、かつてはデモをやっていた連中が、集会やデモを抑圧するようになっていたのです。しかし、現在、若い人たちは、デモを否定的に見るような圧力をもう知らないでしょう。それはいいと思いますね。

――確かに今回、特に二〇代から三〇代の若い人たちが、積極的にデモに参加している印象があります。

やはり、大きな災害があったからだと思いますね。非日常的な経験をすることで、新しい自分なり、新しい人間の生き方が出てきたんでしょう。これまでの普段の生活の中では、隠蔽されていたものが出てきたんだと思います。資本主義経済というのは、本当にあらゆるところに浸透していて、小さな子どもの生き方まで規定していますからね。最近聞いて、面白いなと思ったものがあります。「就活《シューカツ》嫌だ」というデモがあるらしい。それはいいと思う。当たり前の話で、大学に入学して間もなく就職活動を始めなきゃならないなんて、嫌にきまっていますよ。こんなものが大学ですか。今の大学に学問などないということは、原子力関係の研究者の様子を見れば、わかります。だから、嫌だといえばいい。デモをすればいい。

――柄谷さんは第一部「政治を語る」の中で、繰り返し、デモの必要性を説かれていますが、その意味で、「希望の芽」のようなものが、今出はじめたと思われますか。

そう思います。三月一一日以後、日本の政治的風土も少し変わった気がしますね。たとえば「国民主権」という言葉があります。国民主権は、絶対王制のように王が主権者である状態をくつがえして出てきたものです。しかし、主権者である国民とは何か、というと難しいのです。議会制（代表制）民主主義において、国民とはどういう存在なのか。選挙があって、国民は投票する。その意味で、国民の意志が反映される。しかし、それは、世論調査やテレビの視聴率みたいなものです。実際、一カ月も経てば、人々の気持はまた変わっている。要するに、「国民」は統計的存在でしかない。各人はそのような「国民」の決定に従うほかない。いいかえれば、そのようにして選ばれた代行者に従うほかない。そして事実上は、国家機構（官僚）に従うことになる。こんなシステムでは、ひとりひとりの個人は主権者ではありえない。誰か代行者に拍手喝采することぐらいしかできない。

昔、哲学者の久野収がこういうことを言っていました。民主主義は代表制（議会）だけでは機能しない。デモのような直接行動がないと、死んでしまう、と。デモなんて、コミュニケーションの媒体が未発達の段階のものだと言う人がいます。インターネットによるインターアクティブなコミュニケーションが可能だ、と言う。インターネット上の議論が世の中を動かす、政治を変える、とか言う。しかし、僕はそう思わない。そこでは、ひとりひとりの個人が見えない。各人は、テレビの視聴率と同じような統計的な存在でしかない。各人はけっして主権者になれないのです。だから、ネットの世界でも議会政治と同じようになります。それが、この三月一一日以後に少し違ってきた。以後、人々がデモをはじめたからです。インターネットもツイッターも、デモの勧誘や連絡に使われるようになった。

たとえば、中国を見ると、「網民」（インターネット人口）が増えているので、中国は変わった、「ジャスミン革命」のようなものが起こるだろうと言われたけど、何も起こらない。起こるはずがないのです。ネット上に威勢よく書き込んでいる人たちは、デモには来ない。それは日本と同じ現象です。しかし、逆に、デモがあると、インターネットの意味も違ってきます。たとえば、日本ではデモがあったのに、新聞もテレビも最初そのことを報道しなかった。でも、みんながＹｏｕＴｕｂｅで映像を見ているから、隠すことはできない。その事実に対して、新聞やテレビ、週刊誌が屈服したんだと思います。それから段々報道されるようになった。明らかに世の中が変わった。しかし、それがインターネットのせいか、デモのせいかと問うのは的外れだと思います。

3　未来のために責任を問う

――地震直後と現在と比べて、柄谷さんご自身の考え方に変化はありましたか。

それはもちろんありますが、あまり大きくは変わらないですね。最初は、この先どうなるか、見当がつかないぐらいだった。現在だって、こういう状態が、ずっと続くのかなと思っていますが。原発事故の後、「ただちに危険はない」と、よく言われていましたね。でも、外国人はただちに国外に逃げていた。ドイツなんて、成田への直行便をやめてしまった。今でも僕が見ているのは、ドイツの気象庁が出しているデータです。彼らは最初の段階から、きちんと情報を提供していた。その日の風向きによって、放射性物質がどういうふうに流れているか、毎日伝えています。それは風向き次第で、大阪や札幌には飛んでいくし、時にはソウルまでいっている。外国人はそれを見ているが、日本人は見ていない。日本では内緒にしようとしているからです。だから、そういうことを知らない人が多い。しかし日本政府が隠そうとしても、もはや隠すことはできない。今はすぐにインターネットで情報が流れます。外国人は騒ぎ過ぎるとか、風評被害であるとか言う人がいますが、黙っている方が罪は重い。危険であることを当たり前に指摘するのが、なぜ風評なのか。日本人が何も言わないのは、真実を知らされていないからです。最近になって、段々状況がわかってきたので、怒り出した人たちがいます。

つい最近、イタリアで、二〇〇九年四月に起こった地震（三〇九人が死亡、六万人以上が被災した）に関して、防災委員会の学者らが大地震の兆候がないと判断したことが被害拡大につながったとして起訴された。この場合、地震学者が大地震は「想定外」だったと弁明することは許されると思うのですが、それでも起訴されています。一方、福島第一原発の場合、当事者らが大地震は「想定外」だったという弁解は成り立たない。東電はいうまでもなく、官僚、政府にいたるまで、罪が問われても当然です。あれは紛れもなく犯罪ですから。しかも、放射能汚染水を海に垂れ流していますから、国際的な犯罪です。「東京（電力）裁判」が必要になると思う。というと、これから未来に向けて何かしなければならないときなのに、原発事故の責任を問うということは、後ろ向きでよくないという人がいます。しかし、過去の問題に対して責任を問うことは、まさに未来に向かうことです。これまで危険な原発を作ることに、なぜ十分な反対もできなかったのか。そのような責任の意識から、僕は今デモに行っています。

若い人たちは違いますよ。生まれた時に、すでに原発があったから。だけど、今後に原発の存続を許せば、今回と同じことが起こるわけです。デモの先導車でラップをやっていた若い女の子が、もし原発を放っておいたら、未来の人たちに申し訳ない、という。そういう気持が若い人たちにもあるんだな、と思った。それから、京都大学原子炉実験所の助教である、小出裕章《こいでひろあき》さんという人の講演を聞いたときも、感銘を受けました。彼は「原発を止められなくて申し訳ない」と話しつつ涙ぐんでいた。今回の事故の後、「ほら見たことか。俺はあんなに反対していたんだ」と言うこともできたはずですが、何であれ、止めることができなかったことに変わりはない、だから申し訳ない、ということです。原発を推進した連中が責任を問われるのは当たり前ですが、一番そのような責任から免れているはずの人が責任を感じている。ならば、僕のような者は、責任を感じざるを得ないですね。

恐ろしいと思うのは、原子炉は廃炉にするといっても、別に無くなるわけじゃないということです。閉じ込めるための石棺だって壊れる。これから何万年も人類が面倒見ていかなければいけない。未来の人間がそれを見たら、なんと自分たちは呪われた存在か、と思うでしょうね。しかも、原子力発電を全廃しても、核廃棄物を始末するためだけに原子力について勉強をしないといけない。情けない学問ですが、誰かがやらざるをえないでしょう。しかし、いかなる必要と権利があって、二〇世紀後半の人間がそんなものを作ったのか。原発を作ることは企業にとってもうけになる。しかし、たかだか数十年間、資本の蓄積（増殖）が可能になるだけです。それ以後は、不用になる。不用になったからといって、廃棄できない、恐ろしい物です。誰でも、よく考えれば、そんな愚かなことはやりません。しかし、資本の下では、人は考えない。そこでは、個々の人間は主体ではなくて、駒のひとつにすぎません。東電の社長らを見ると、よくわかります。あんな連中に意志というほどのものがあるわけがない。「国家＝資本」がやっているのです。個々人は、徹頭徹尾、その中で動いているだけですね。ただ、それに対して異議を唱えられるような個人でないと、生きているとは言えない。

――脱原発の動きについては、そのひとつの試みとして、ソフトバンクの孫正義《そんまさよし》さんが提案している案（大規模な太陽光発電所の建設など）も、最近注目を集めています。

僕は信用しない。自然エネルギーの活用というような人たちは、新たな金儲けを考えているだけですね。エコ・ビジネスの一環です。太陽光というと、パネルなどを大量に生産することができる。あるいは、大量に電気自動車を作ることができる。しかし、サハラ砂漠ならともかく、日本では、太陽光発電そのものが環境破壊となる。そんなものは、いらない。現在のところ、天然ガスで十分です。それなら日本の沿岸にも無尽蔵にある。要するに、まず原発を止める。それからゆっくり考えればいいんです。

――反原発運動を考える際に、現在「不買運動」の必要性を指摘する人もいます。これは、NAMの時に、柄谷さんがおっしゃっていたことに繋がっているんじゃないかと思います。

不買運動はいいと思いますが、今のところ、まずデモの拡大が大事だと、僕は思う。その中から自然に、そういう運動が出てくればいい。先程言った「就活嫌だ」というようなデモでもいい。とにかく何か事あれば、人がデモをするような市民社会にすることが重要だと思います。それが、主権者が存在する社会です。一昔前に、正高信男《まさたかのぶお》というサル学者が『ケータイを持ったサル』（中公新書、二〇〇三年）という本を書きました。若い人たちがお互いに話すこともなく、うずくまってケータイに向かっている。サル山みたいな光景を僕もよく見かけました。たしかに、デモもできないようでは、サルですね。しかし、ケータイを棄てる必要はない。ケータイをもったまま、直立して歩行すればいいわけです。つまり、デモをすればいい。実際、今若者はケータイをもって、たえず連絡しながら、デモをやっていますね。そういう意味で「進化」を感じます。

――最後に、現在立ち上がった運動が持続するために、何が必要だと思われますか。

デモをすることが当たり前だというふうになればいい。「就活嫌だ」のデモでいい。「職をよこせ」のデモもいい。デモをやる理由は無数にあります。今の日本企業は海外に移って、日本人を見捨てていきます。資本はそうしないとやっていけないというでしょう。しかし、それは資本の都合であって、その犠牲になる人間が黙っている必要はありません。異議申し立てをするのは、当然のことです。それなのに、デモのひとつもできないのなら、どうしようもないですね。誰かがやってくれるのを待っているのでは、何もしないのと同じです。誰かがやってくれるのを待っていると、結局、人気のあるデマゴーグの政治家を担ぎ上げることにしかならないでしょう。それは結局、資本＝国家のいいなりになることです。

第三部　デモは未来のための実践

聞き手・平凡社編集部

1　デモをする意味を考える

——柄谷さんは震災後、デモによって社会を変えられるか、という問いに対して、確実に変えられる、なぜなら、デモをすることで、日本が「人がデモをする社会」に変わるからだ、というスピーチをなさっています。それが大きな反響を呼んだようですが。

原発震災とともに、脱原発に向けてのデモが起こりました。ただ、デモをやっている人も、原発については考えても、デモについてはあまり考えていなかったのではないでしょうか。内心、こんなデモで原発を廃炉に追い込めるだろうかと考えている人が多いと思う。それに対して、僕はデモそのものが大事だ、それが日本を変えるのだ、といったわけです。デモの他にもっと有効な方法がある、という人がいます。それは結構ですが、一度でもデモに行ってからにして下さい、と僕は思う。

僕は原発震災以前から、デモについて考えていました。なぜ日本にデモがないのか、と。

むろん、昔から考えていたのではない。大体、一九九〇年代からですね。僕は一九六〇年に大学に入学したので、六〇年安保闘争に参加しました。安保闘争というと、全学連のような学生運動が中心だったように見られますが、全国で百万人以上の人がデモに参加していた。あらゆる階層、グループの人たちが参加していたのです。この当時、僕は、デモに参加するのは当たり前だと思っていましたが、日本の歴史において、それほど多数の人間がデモに行った例はないのです。それに感銘を受けた丸山眞男とか久野収といった人たちは、やっと日本に市民社会が成立した、ということを書いていました。

一方、私のような学生は、つまらんことを言ってやがるな、という感じでそれを見ていました。そういう考え方を、進歩主義、近代主義として馬鹿にする風潮がありました。そして、そのような傾向は以後も続き、一九六〇年代の終わりごろ、全共闘と言われる運動の時期にはその頂点に達したわけです。しかし、この時期には、すでに、六〇年にあったような厖大《ぼうだい》な市民のデモはなかったのです。学生や新左翼の活動家が主であり、さらに、運動が減退するにつれて、デモの参加者は一層限定されていきました。それと反比例して、デモが暴力的になった。ますます一般の人が行けるようなデモではなくなった。その結果、デモが一般に衰退してしまったのです。

――どうしてそうなったんでしょうか。

デモに対する考え方がだめだったからですね。もちろん、日本の左翼はデモを重視しましたが、それはデモを革命のための手段として見ていたからで、デモ自体が重要であるとは考えなかった。だから、おとなしいデモはブルジョア的でくだらない、それを戦闘的にし、暴動のようなものにしてしまうことが望ましい、……そのような考えが昔からあるのです。

たとえば、左翼活動家が民衆のデモのなかに潜んでいて、突然、火焔瓶《かえんびん》、投石、その他武力闘争をはじめる。それを警察が弾圧し、反射的に民衆が抵抗する。その結果、見たところ、革命的な情勢が出現する。それを自画自賛する左翼がいたのです。たとえば、戦前、田中清玄《たなかきよはる》に指揮された武装共産党がそうですね。彼らは資金を集めるために銀行強盗をやったりした。戦後の共産党の武装闘争もそうです。過激な闘争から騒然とした革命的情勢を作り出すというものです。

しかし、一度これをやられると、大衆的なデモは消えてしまいます。危なくて行けないからです。革命家たちは、大衆を真に革命的な闘争に導いたと考えるけれども、それは一時的な現象であって、結局、大衆運動を破壊しているだけです。戦後の共産党の武装闘争もそうでしたが、七〇年代以後、新左翼デモもそれをくりかえして、自滅していっただけでなく、デモ一般を消滅させてしまった。

そのことでいうと、六〇年安保闘争を率いたブント（共産主義者同盟）にも、大きな問題があったのです。安保闘争は、一九六〇年六月に頂点を迎えますが、その前年から盛り上がっていました。そのころは国民共闘会議のようなものがあって、学生から、労働組合、市民団体、議会政党その他が一体となっていた。大集会があると、そのあと街頭に出るとき、学生（全学連）が先頭に立ったわけです。そして、国会の前で、居並ぶ議員たちに「請願」する。

ブントはこういうデモを「お焼香デモ」と軽蔑していました。こんなことをくりかえしていてはだめだ、と考えていた。そこで、作戦を練ったのです。一九五九年の「一一・二七」のデモのときです。これは大規模なデモで、いつものように全学連がその先頭に立つことになっていた。国会請願デモだから、コースが決まっていたのですが、先頭の全学連がいきなり方向転換して、そのまま国会議事堂の敷地内に突入してしまった。それに続いて、思わず、社会党や共産党の宣伝カーも入ってしまった。そして、国会の敷地の中で、意気揚々と大集会が行われたのです。これは未曾有の出来事です。

してやったり、とブント幹部は考えた。しかし、それは局所的には成功であったが、大局的にはそうではなかった。学生と労働者市民との連合が切断されてしまったからです。このあと、議会で社会党も共産党も政府・自民党にものすごく攻撃された。共産党はトロツキストにだまされたと弁明した。それ以後、国民共闘会議のようなデモはほぼ行われなくなったのです。

しかし、例外が一度あります。一九六〇年六月段階です。それは五月二〇日夜、国会で新安保条約を承認する採決が強行された瞬間から始まった。それ以後、学生・労働者・市民が再び一体になりました。このとき、ブントが主導権を握ったように見えますが、僕の考えでは、ブントなんてものはもはや存在しなかったのです。僕のような学生の活動家がいただけです。ブントがもはや機能しないからこそ、六月の安保闘争がありえた。また、それを放置するアナーキズムがブントのよさでもあったのです。

その翌年にブントは解散しました。こんなだらしないブントでなく、真にボルシェビキ的な前衛党を再建しなければならないという理由で。僕はそれを拒否しました。それにかわって、活動家のアソシエーションとしての「社会主義学生同盟」を提唱した（第一部「政治を語る」27ページ参照）。ある意味で、僕の姿勢はそのときから変わっていません。

六〇年代後半の新左翼諸党派は、六〇年ブント幹部が作ったものであり、その延長です。こういう連中が、市民のデモを重視するはずがないのです。「全共闘」というのは、新左翼諸党派とは別に、各大学で自然発生的にできあがった評議会であって、ある意味で、一九六〇年六月の状態と似ています。また、それは学生運動ではあっても、案外、社会的な広がりがあったのです。しかし、それが衰退してくると、党派が前面に出てきた。大衆的なつながりがなくなった。さらに、党派の間の陰惨な内ゲバが増大し、デモも過激化しました。それは当然ながら衰退していった。

と同時に、ふつうのデモも衰退しました。ドイツでもイタリアでも、新左翼は末期段階では似たようなことをやったのですが、過激派が消えると、市民のデモが復活した。というより、それはそれで、ずっと続いていたわけです。そこが日本との違いです。日本ではむしろ、かつての過激派がそのまま残存したのに、ふつうの市民のデモがなくなった。つまり、過激派の存在がふつうのデモを抑圧してきたのです。

したがって、かつて日本にデモがあった、ということは確かですけど、日本にデモは根づいていなかったと思います。日本でデモがなくなっていったことと、原発が大量に作られるようになったことは、時期的にも対応しています。反原発デモは、日本を「人がデモをする社会」に変えることになりますが、それは、原発を作ってきた体制を変えることと同じです。デモなしにはそれはできないでしょう。

――そのようにデモがなくなった時点で、デモについて再考されたわけですね。

そうです。デモがなくなってしまった時期になって、僕は遅まきながら、丸山眞男や久野収のいったことを再考しはじめたのです。特に久野収は、デモのような直接行動がなければ、代議制だけでは民主主義は存在できない、ということを強調していました。

デモがないような社会は専制国家です。もちろん、日本は専制君主や独裁者が支配する社会ではありません。国民主権の体制であり、代表制民主主義の国です。そこでは、国民は、総選挙を通して、立法や行政の権力を決定することができることになっています。

しかし、以前に述べたように、代表制（代議制）においては、主権者としての個々人が存在できないのです（第一部「政治を語る」146ページ参照）。

そこでは主権者としての個々人が投票しますが、その場合、各人は密室のように隔離されたところで投票用紙に書き込む。つまり、個々人は、具体的な社会的関係を捨象した、抽象的な個人としてしか存在していない。だから、国民が主権者であるといっても、どこにも明確な個人は見えない。それは「支持率」というかたちでしか存在しません。

では、個人が主権をもった主体として存在するためには、どうすればよいか。それは割合、簡単です。直接行動、すなわち、議会選挙以外の政治的行為を求めることですね。つまり、それは、デモのようなかたちでのみ実現されると思います。議会選挙があるのだから、デモで政局を変えようとするのは、民主主義的でない、という人たちがいます。しかし、代議制だけならば、民主主義はありえない。それは、寡頭政になってしまいます。

デモの参加者は相対的に少数です。選挙の投票者に比べれば問題にならない。しかし、投票に行くのと、デモに行くのとは違います。デモに行くにはエネルギーがいるのです。ゴキブリを一匹見つけたら、百匹いると思えといいますが、デモの場合も、一人いれば百倍ぐらいの支持者がいると考えてよい。十万人のデモがあれば、一千万人が背後にいる。だから、権力はデモを恐れるのです。そうでなきゃ、百人ほどの市民のデモに三百人の警察官が取り囲むというようなことはありえないですね。


――日本でデモが衰退したことには、それ以外にも理由がありませんか。たとえば、大衆社会あるいは消

費社会が深化して、これまでのような階級闘争が消えた、とか、また、通信技術が変化して、インターネットなど、デモにかわる国民の意思表示の方法が変わったということを指摘する人たちがいます。

そのような変化があることは確かです。しかし、やはりそれで片づけることはできない。欧米では同じような変化があったにもかかわらず、相変わらずデモがあるからです。しかも、欧米だけではない。韓国はインターネットが世界で最も早く普及したところですが、デモは相変わらず盛んです。ネットはデモのために使われている。だから、デモの衰退は、通信技術と関係がないのです。韓国では長い間デモが弾圧されていたから、普通にデモができなかった。やるたびに、ひどい目に遭う。しかし、みんなが何十年もデモを企てた、その結果として、デモをする自由を手にしたわけですから、その権利を制限するなどということを、韓国の人びとが許すはずはありません。

日本人は、デモの権利を得るために、事実上なにもしていない。戦後の憲法でその権利を与えられた。しかし、それは敗戦の結果であり、いわば、占領軍によって与えられたようなものです。自分らの闘争によって得たのではない。だからデモを抑圧されたり制限されたり、あるいはデモをしなくても平気なのだと思います。ただ、日本でも、沖縄の人たちは違います。ふつうにデモをします。彼らは「琉球処分」以来、日本国家からひどい扱いを受けてきたし、戦後は米軍の支配下にあった。彼らはデモによって抵抗してきたのです。

2 動く集会

――デモは憲法によって国民の権利として保障されていますが、どうも日本人はそう思っていないように見えます。デモには警察の許可が必要であり、警察の指定したとおりにやらなければならない、と考えている。

本来、デモをするには届けるだけでよいので、警察の許可は不要です。警察は道路交通の妨げになるとかいう理由で、デモを規制しますが、車などは別の道をとればよいのであって、主権者の権利の行使であるデモを止める理由にはなりえません。交通を規制してデモが無事に通れるようにするのが警察の仕事です。デモを行うことを前もって届け出る必要があるのはそのためなのです。しかし、それは届け出であって、許可をもらう必要はない。ところが、あたかも警察の許可をいただいて、ありがとうございますというような感じになっている。だから、警察の言うとおりにしか動けない。道路の混雑を口実にして、デモを待たせ、また、分断させてしまう。一方で、デモ参加者を嫌がらせのために逮捕する。だから、あれやこれやで、日本ではデモが抑圧されています。

しかし、こんなことを許してきたのは、そもそも憲法についての考え方がおかしいからではないか、と思います。憲法というと、国家が規定した法だと思っている人、また、憲法の解釈も、裁判官や法学者によって与えられると思っている人が多い。しかし、そうではないのです。久野収はこう書いています。

憲法というものは、そういう国家権力を代表するところの国会とか、政府とか、あるいは裁判所とかいう組織にひもをつけて、勝手気ままに動かないように規範を与えるところの最高法律であり、約束証文であります。したがって、憲法を、われわれがわれわれの関心に応じて切実に読むということは、われわれが国家に対して注文をつける立場にたつということを意味します。（『憲法の論理』筑摩書房、88ページ）

久野収がいうのは特異な意見ではありません。最近でも、憲法学者の樋口陽一《ひぐちよういち》は、立憲主義の基本は、憲法は、国民が国家権力を縛るものだという考えにある、ということを強調しています（『いま、憲法は「時代遅れ」か』平凡社、二〇一一年）。

こんな考えは極端だと思う人がいるかもしれませんが、そんなことはない。たとえば、伊藤博文《いとうひろぶみ》は明治の憲法制定に関する会議で、このように発言しています。《そもそも憲法を設くる趣旨は、第一、君権を制限し、第二、臣民の権利を保全することにある》。ところが、樋口氏がこの事実を法律関係者の多い聴衆に話したとき、衝撃をもって受けとめられた、というのです。明治時代に日本帝国を設計した政治家にとってさえ自明であったことなのに、今やそれを聞いて法律関係者が衝撃を受けるということに、私は衝撃を受けました。

デモを行うのに国家の許可がいる、と法律関係者は考える。しかし、そもそも国家の専横に抵抗するためにデモを行うのだから、そのために国家の許可がいるなどということがあるはずがない。また、それに関して、最高裁や法律関係者の意見などに従う必要はありません。憲法は国家によって与えられたものではなく、市民が国家にひもをつけて縛るものなんですから。

ただ、デモに関しては、日本の憲法の文面だけではわかりにくいことが一つあります。憲法二一条に、「集会・結社・表現の自由」とあるのですが、デモという言葉は見あたらない。むろん、それはデモが集会の中にふくまれるからです。日本の憲法に公式の英訳はありませんが、占領軍が作った憲法の原案から見ると、集会がassemblyの翻訳であるということは明らかです。assemblyにはデモがふくまれる。したがって、集会にはデモがふくまれるはずです。

ところが、日本では集会とデモが区別されています。ある語が外国語に訳されると、よくそのような意味のずれが起こります。しかし、憲法の条文にかんしては、そういうずれは許されないでしょう。意味があいまいであれば、明確に定義しておかないといけない。たとえば、結社はassociationの訳語なのですが、日本語では何か秘密結社のような場合にしか使いません。associationはもっとありふれた意味です。たとえば、PTAは、親と教師のアソシエーションですから。しかし、「結社」ならば何とかなるけど、「集会」に関する誤解は厄介です。一般に、集会とデモは異なるものだと考えられている。だから、デモの自由の根拠を「表現の自由」に求める人もいます。そこで、デモは集会なのだということを再確認しておく必要があります。

日本ではデモと集会を区別する結果、集会は自由だが、デモは警察の認可がいる、というふうになっている。集会は自由だが、それはデモになってはならない。しかし、デモの自由がないとしたら、集会の自由はありません。つまり、日本では、デモが抑圧されることによって、集会が抑圧されている。だからこそ、日本ではデモが必要なのです。

ただ僕は、日本語で集会とデモが区別されているということから、逆に、デモに関して気づいたことがあります。デモは集会の一環であり、いわば、動く集会です。その場合、動くとか歩くとか、そういうことに、じつは深い意味があると思います。それは、一定の場所で討議するのと違って、人間が遊動性を回復することになるからです。決まった広場や会館に集まるのではなくて、人々が集まって歩く、あるいは、動いている空間が「広場」となる。立派な建物のなかでなされる集会は、「動く集会」にはなりません。「動く集会」には直接的な民主主義がある。

そう考えたとき、僕は、デモが近代国家における政治を越えた、深い源泉をもつということに気づきました。「動く集会」は近代に始まったものではない。というのも、人類は本来、遊動的な狩猟採集民であり、彼らにとって、日々が「動く集会」であったからです。ところが、人々が定住化したのち、氏族社会では集会は盛んにやりますが、遊動性はなくなります。また、国家以後の社会においては、集会は極度に限定されたものになります。

それに対して、「動く集会」がさまざまなかたちで回復されるようになった。それは最初、普遍宗教や哲学というかたちをとりました。たとえば、普遍宗教の始祖たちは、神殿・寺院を拒み、人々を引き連れて歩き、話し合い、また、共食しました。古代の都市国家の時代には、ギリシアでも中国でも、思想家たちが都市から都市に移動し、広場で議論をした。それは「動く集会」です。日本でも、法然《ほうねん》、親鸞《しんらん》、日蓮《にちれん》のような鎌倉仏教の創始者たちは、旧来の寺院を拒否して、「動く集会」をしていた、と思います。

――「動く」ということが大事なんですね。

そうです。教会、寺院、大学などの荘厳な建物の中には、「動く集会」はない。したがって、そこには生きた思想もない。僕の記憶では、一九七〇年代から九〇年代にかけて、講演に行くと大勢の聴衆が来ていて盛り上がった。それは「イベント」や「擬似祭典」のようなものです。そうすると、何かを成し遂げているような気がしたのです。しかし、デモはなかった。デモがあるとしたら、新左翼の暴力的なデモであった。つまり、一方に集会、他方に暴力的デモ、という形で分解してしまっていた。そのようにして、「集会とデモ」の分離が起こったわけです。つまり、「動く集会」がなくなってしまったのです。

——3・11後の日本には、まさに「動く集会」が出現しました。

そうですね。デモでは、知らない人たちと話す。一定の共有できる目的を持たないと、知り合いになることは難しいのですが、デモではそれができる。また、長らく会っていなかった人に再会するということがおこる。また、その場で話すだけでなく、そのあと飲み食いに行く。こうして、デモは新たな「社交」を創りだすわけです。知り合いのドイツ人によると、ドイツでは、デモのあとで飲むより、飲んでからデモに来る人が多いのが問題だそうですが（笑）。

ついでにいうと、明治の初期、福沢諭吉《ふくざわゆきち》はsocietyを社交と訳した。それはいい翻訳だと思いますが、以後、社交は社交界とか社交ダンスみたいな狭い意味になってしまった。本来は、社会もアソシエーション（結社）も社交も語源的につながっているのです。諸個人として他者に出会うことが社交であり、デモはその一つです。だから、社交としてのデモは、市民社会に不可欠な要素です。そういう場を実現することが、日本社会を変えることになるのは当然です。

3　NAMの原理

――二〇〇〇年にNAMを結成された際、『NAM原理』（太田出版）を出版なさっています。この本は、現在においても有効な理論として機能しているように思います。

NAMというのは、New Associationist Movement の略語です。『NAM原理』は、二〇〇〇年の時点で存在した組織のために書いたのですが、二年で解散したから、それ以後は、一般名詞です。つまり、それは「新しいアソシエーショニスト運動」という意味ですから、二〇〇〇年の時点にあったものに限定する必要はありません。

たとえば、『共産党宣言』は、マルクスとエンゲルスが一八四七年に結成された共産主義者同盟の綱領として大急ぎで書いたものですが、二年後に共産主義者同盟が解散すると、どんな党派とも関係のない著作になりました。つまり、「共産党」は一般名詞になったのです。

だから、一九世紀ヨーロッパには、共産党という政党は存在しなかった。共産党が生まれたのはロシア革命以後で、「党」はレーニン主義的な前衛党を意味するようになったのです。しかし、マルクス・エンゲルスのいう「共産党」（共産主義者同盟）は、そういうものとはまったく異質です。それはアソシエーション的なものです。

だから、僕が「新しいアソシエーショニスト運動」というとき、それは第一に、中央集権的な「党」の否定を意味していたのです。もちろん、それだけではない。『NAM原理』には、マルクス・エンゲルスの『共産党宣言』になかったような原理があります。

その基本的なコンセプトは、二つの対抗運動を同時に行うことにあります。一つは、資本‐国家の内部での対抗運動。これは前から存在するものです。もう一つは、資本‐国家の外に出る対抗運動。つまり、資本‐国家に依存することなく社会的に自立できるようにすることです。具体的には、生産者‐消費者協同組合や地域通貨などです。これも前からあるものです。

僕が考えたのは、この内在的な対抗運動と超出的な対抗運動が両方とも必要だ、ということです。これまでは、一方だけを重視し、他方を見下してきた。あるいは、それらはまったく分離されていた。しかし、両方が必要なのです。資本‐国家に対する対抗運動を行う一方で、非資本主義的な経済圏（地域通貨や生産者‐消費者協同組合）を創り出しておくべきです。これがあれば、経済的危機が来ても何とか対応できますし、資本主義以後の世界がどのようなものかを、ある程度、予行演習として経験できると思います。資本主義の批判というと、社会民主主義（福祉国家主義）を考える人が多いけど、それでは、結局、国家資本主義的なものになってしまいます。

同じことが労働運動と消費者運動についてあてはまります。労働運動は資本と国家に対する内在的な対抗運動であり、消費者運動は外在的（超出的）な対抗運動につながる。一九八〇年代に、それまで中心であった労働運動が衰退し、消費者運動が中心になったといわれました。しかし、それらのどちらが大事か、というのはおかしい。どちらも労働者の運動なのです。資本の蓄積は、労働者が資本の下で生産したものを消費者として買い戻すという過程を通して実現される。その場合、労働者が生産点で資本に対抗すれば労働運動となり、消費の場で対抗すれば消費者運動になる。だから、労働運動と消費者運動を別々に考えるべきではない。それらが結びつくようにしなければならない。簡単にいうと、NAMの原理は以上のようなものです。

ただ、二〇〇一年の9・11以後、僕は資本‐国家への対抗運動を、一国だけで考えることはできないと思うようになりました。そういう観点から考え直したのが、『世界史の構造』（岩波書店、二〇一〇年）です。といっても、根本的なところは同じです。
ところで、外国で僕の『トランスクリティーク』を読む人たちの多くは、「NAMの原理」も読んでいます。序文で触れていますし、インターネットで「原理」の英訳を読めますから。だから、NAMがまだあると思っている人がいるし、NAMに入りたいと言ってくる人もいます（笑）。それはともかく、世界各地で実践的にやろうとしている人たちは、NAMの原理に関心をもっていると思います。それは国家に依拠することなく、資本主義を越えていくための積極的なプログラムです。ふつうの左翼は、基本的に、社会民主主義、つまり、国家による経済的救済および規制を求める。さもなければ、「マルチチュードの反乱」のようなものを求める。僕が「NAMの原理」で提起したのは、もっと積極的で自立的な対抗運動の形式です。

――二〇〇〇年当時の運動がうまく行かなかったのはなぜでしょうか。

ベースになるような多数のアソシエーションがなかったからですね。NAMは、多数のアソシエーションがアソシエートされる「アソシエーションのアソシエーション」というイメージで構想したのですが、NAMに参加してきたのは個人がほとんどで、NAM全体が一つのアソシエーションでしかなかった。ただ、その時点でも、小さいながら、幾つかのアソシエーションがありました。それは、有機農業をやっていた人たち、消費者協同組合、地域通貨、さらに、ホームレス救援活動などですね。彼らはその後も健闘していますよ。

僕自身についていえば、NAMで一緒にやっていた人たちとのつながりは今も大きいです。たとえば「at」という雑誌がそうだし、フェアトレード運動、あるいは、生活クラブ生協などとのつながりもあります。さらに、僕がやっている公開講義「長池講義」（http://web.nagaike-lecture.com/）も、アソシエーションです。たとえば、僕がデモに行くとき、「長池評議会」というアソシエーションとして行きます。なかなかひとりでは行く気にはなれないですよ。誰か知り合いと一緒にデモに行く。それも小さなアソシエーションです。

したがって、大規模なデモというのは、じつは、そのような小さなアソシエーションが多数集まったもの、つまり、「アソシエーションのアソシエーション」なんですね。上から号令をかけて大きなデモをやるというのは、昔のデモです。政党や労働組合がデモを仕切っていた時代のものです。このように小さなアソシエーションがあちこちにできて、さらに、アソシエーションのアソシエーションができるようになれば、それが一般名詞としてのNAM、すなわち、新アソシエーショニスト運動なのだと思います。

4　未来に対する倫理

——放射性物質は、未来に対する負債として残されます。柄谷さんは、『トランスクリティーク』や『倫理21』（平凡社ライブラリー、二〇〇三年）をお書きになったとき、「未来の人たちに対する倫理」ということを強調されていました。今回のフクシマのことも、未来に対する負債を残すということが、いちばんの大きな問題です。

『倫理21』で僕が考えたのは、必ずしも「未来の人たちに対する倫理」だけではありません。普遍的な倫理です。たとえば、われわれが合意のもとに産業開発をしても、そこから生じる環境汚染の被害を受けるのは、未来の他者である。しかるに、未来の人間との合意はありえない。このようなパラドックスを見出したのが、環境倫理学と呼ばれる倫理学です。しかし、僕は、それが別に、新しい認識だと思わなかった。それは、カントが考えた倫理学によって説明できると考えたのです。

カントによれば、「他者をたんに手段としてのみならず同時に目的として扱え」ということが普遍的な道徳法則です。この場合、目的として扱う、というのは、相手を手段（物）としてではなく、自由（自主的）な人格として扱う、ということです。この場合、他者は、今いる他者であっても、今存在しない未来の他者であっても同じです。だから、特別に、未来の他者に関する倫理学を考える必要はないのです。

未来の他者に対する倫理に関してパラドックスが生じるのは、倫理性を、他者との合意によって基礎づけようとするからです。確かに、未来の他者とは対話ができません。たとえば、原発を廃炉にしても、それを安定状態にするだけで三〇年以上かかるし、それ以後も長期にわたって、監視が必要ですが、未来の他者の合意を得ていないのに、そのような負担を押しつけることになる。しかし、たとえ他者との間に合意が得られても、そのことが倫理的であることを保証するものではありません。たとえば、原子力発電を建設し維持するためには、放射能被曝の可能性が非常に高い労働が必要です。もちろん、そのような仕事に従事する人たちは、奴隷ではないし、「合意」にもとづいて働くのですが、自由な合意といっても、別に自由ではない。貧困や債務など、やむをえない事情に強いられて契約したにすぎない。彼らはたんに手段としてのみ扱われています。実際、ここから多数の被曝者が出ていますが、ほとんど隠されている。

原発があるかぎり、われわれは、未来の他者であれ現在の他者であれ、「他者をたんに手段としてのみ扱っている」ことになります。原発だけではない。「他者をたんに手段としてのみならず同時に目的として扱え」という道徳法則は、資本主義経済においては成り立たないのです。それは、現在および未来の人間を「手段」としてのみ扱うことによって成立するものだからです。したがって、カントの倫理学からは、資本主義批判が出てきます。その意味で、カントはドイツ最初の社会主義者だといわれるのです。

一方、カントを否定した倫理学は、資本主義を前提にした、英米系の功利主義にもとづくものです。それは、人間が本来エゴイスティックであり、それぞれの幸福を追求するのだということを認めることから始める。そこで、「最大多数の最大幸福」を達成することが倫理的課題だということになります。つまり、善＝幸福を仮定する。さらに、幸福＝利益を仮定する。そして、それを公共的合意にもとづかせる。すると、このような倫理学は経済学の問題に置換されます。しかし、それは未来の他者を考慮しないだけではなく、現在の他者の多くを考慮しないものです。

したがって、未来の他者、現在の他者、さらに、死者もふくめて、倫理を、幸福や合意とかいった観点から考えるべきではない。自由(自発性)という観点から、倫理を考えるべきなのです。そして、この倫理は、「他者をたんに手段としてのみ扱う」ような社会を廃棄することを必然的に要請します。原発の廃棄もその一つです。脱原発を、たんにエネルギーシフトでかたづくような問題として見てはならない。

5　足尾鉱毒事件とフクシマ

――震災後のフクシマの問題と、明治時代の足尾鉱毒事件の類似性について、最近言及なさっています(『「世界史の構造」を読む』インスクリプト、二〇一一年)。足尾鉱毒事件では、足尾銅山で採掘した銅を精製するさいに、鉱毒物質が流出して、渡良瀬《わたらせ》川流域など周囲の環境に甚大な被害をもたらしました。そして、農民を中心に、大規模な反対運動が起こっています。いわば「公害運動の原点」として知られてきたわけですが、具体的にはどのような点が似ていると捉えていらっしゃいますか?

足尾鉱毒事件は、公害問題があるときには必ず振り返られてきたと思いますが、僕は今回の原発の事件で、あらためて、足尾の事件を振り返りました。第一に、3・11の地震によって、足尾銅山に堆積されていた鉱毒物質の山が決壊して、渡良瀬川にもう一度流出したというニュースを聞いたからです。百年も経っているのに、こんなことが起こった。この事件は、足尾銅山事件は過去のものではない、ということを如実に示しました。福島原発事故となると、それどころではありません。

つぎに、栃木県の足尾銅山が流した鉱毒が、渡良瀬川流域の農村全体を破壊することになったことです。廃村の結果、多くの人たちが北海道などに移住した。福島に関しても、政府は何とかなりそうなことを言っているけれども、農民・漁民が二度とそこに住むことはできないと思います。

さらに、足尾銅山は国策民営企業であるということです。当時、銅は日本の重要な輸出品で、外貨獲得手段でした。政府は殖産興業政策の一環として、産銅業の保護育成を行っています。したがって、足尾銅山は古河市兵衛《ふるかわいちべえ》（のちに古河財閥を設立）という人物が経営していますが、民間企業とは言いがたい。東京電力と同じなんですよ。足尾銅山がもたらした公害問題を、陸奥宗光《むつむねみつ》や原敬《はらたかし》など、国家権力の上層部が隠蔽《いんぺい》しつづけた。この鉱毒事件は、公害といっても、水俣病などとは違います。国策民営の企業がもたらした災害だからです。福島原発の場合、経産省と東電がそれを隠蔽しようとし、今も責任を回避しています。

もう一つ言うと、この鉱毒事件は日清・日露戦争期を通してずっと続いた。つまり、これは戦争と直結していたのです。日清戦争・日露戦争は帝国主義戦争なのですが、足尾銅山事件はその中で起こったのです。このことは、原発について考えるときに、ヒントになります。現在は、新自由主義と呼ばれていますが、じつは、それは自由主義の再版ではなく、帝国主義の再版です（第一部「政治を語る」115～118ページ参照）。そして、日本では、原発は電力のためではなく、核兵器を作るために必要だからこそ、開発されたのです。国家が原発に固執するのはそのためです。

――震災と足尾の事件をさらに関連づけて言うと、足尾鉱毒事件のときにも、農民を中心に非常に大きな抵抗運動が起こりました。震災後のデモと似ているとも言えます。

足尾鉱毒事件の抵抗運動は、二十数年続きました。田中正造《たなかしょうぞう》という人物がリーダーでしたが、農民が中心です。他方には社会主義者がいた。そして、田中正造が農民と社会主義者をつないでいたといえます。たとえば田中正造が国会議員をやめて天皇に直訴したとき、直訴文の草稿を書いたのは幸徳秋水《こうとくしゅうすい》です。また、田中に依頼されて、渡良瀬川流域の谷中《やなか》村の惨状について『谷中村滅亡史』を書いたのが荒畑寒村《あらはたかんそん》、彼が二〇歳のときです。

幸徳秋水は中江兆民《なかえちょうみん》の弟子です。中江兆民というのは、ルソーの社会契約論を翻訳紹介した人ですが、儒教を根底においた。そのために、「東洋のルソー」と呼ばれたのです。僕の考えでは、儒教とは、個人の道徳ではなく、古代の理想的な社会のあり方（道）を、現代に回復することを目指す政治思想です。兆民が考えたのは、それを社会契約の根底におくということでしょう。だから、彼はルソーより、プルードンに近い。兆民が自由民権運動から社会主義運動に移行していったのはそのためです。そして、それは足尾銅山事件がおこった時期に当たります。だから、足尾銅山事件は、公害運動の原点というだけでなく、近代日本の社会運動の原点なのです。

足尾銅山事件そのものは谷中村滅亡で終わってしまい、幸徳秋水も大逆事件で処刑されてしまった。しかし、足尾鉱毒事件への反対運動は、その後の大正デモクラシーにつながっていると思います。農民の決死の闘争が二十何年も続いた、そこから出てきたのが大正デモクラシーなのです。福島原発にかかわる闘争も長く続くと思います。しかし、それが新しい社会状況をもたらすことになる、と僕は思う。

注

＊1――**NAM**　New Associationist Movement の略。二〇〇〇年六月、柄谷行人らが「国家と資本への対抗運動＝アソシエーション」として立ち上げた運動。『NAM原理』（太田出版、二〇〇〇年）によって、理論的な意義づけがなされた。最大時には七〇〇人の会員を擁した。二〇〇三年解散。

＊2――**沖縄闘争**　一九六八年四月二八日の「沖縄デー」に行われた行動。学生や労働者など二万人が集まったと言われる。デモ隊が機動隊と衝突し、新幹線や国鉄がストップするなどの事態に発展した。

＊3――**東大安田講堂砦戦**　東大安田講堂事件、安田講堂攻防戦などとも呼ばれる。一九六九年一月一八日と一九日、以前から東京大学安田講堂を占拠していた全共闘や新左翼の学生を排除するため、警視庁が封鎖解除を行った。

＊4――**ベトナムに平和を！市民連合**　一九六五年から七四年にかけて活動した、ベトナム戦争反対運動の団体。中心人物に、作家の小田実、哲学者の鶴見俊輔、政治学者の高畠通敏、市民運動家の吉川勇一などがいる。左翼団体だけではなく、主婦や反アメリカの考えをもつ

右翼まで、幅広い市民が参加した。

*5――**ハンガリー革命**　ハンガリー動乱とも呼ばれる。学生による一九五六年一〇月の反政府デモに端を発した、大規模な反ソ民衆蜂起。労働者評議会が結成されたが、ソ連軍が二度にわたって介入して市民と衝突、数千人が命を落とした。

*6――**光州事件**　一九八〇年五月に起こった韓国の民衆蜂起。全斗煥らによる軍事クーデタを契機として勃発した。光州市では一時、市民による自治も行われたが、数日で鎮圧された。一説には死者二千人を超える犠牲者を出したとも言われ、その後の韓国の民主化に大きな影響を与えた。

*7――**革命的共産主義者同盟**　スターリンと日本共産党への批判から、一九五七年に結成された新左翼団体。略称は革共同。一九六三年、党の運営方針や労働運動の路線をめぐり内部対立が深刻化し、革共同全国委員会（中核派）と革共同革マル派に分裂した。両者の抗争は「内ゲバ」の典型例とされる。

*8――**旧ブント**　ブントは、日本共産党の方針への反発から一九五八年に結成された新左翼団体。正式名称は共産主義者同盟。六〇年安保闘争で全学連（全日本学生自治会総連合）を主導し、中心的な立場を担った。安保闘争の敗北から解体。六六年に二次ブントが再建された。

*9――**解放派**　社学同解放派。一九六五年に結成された新左翼団体。全日本学生自治会総連合（全学連）をブントや中核派とともに再建し、七〇年安保闘争の一翼を担った。

＊10——**日大闘争**　日大紛争とも言われる。東大紛争とともに全共闘運動の頂点とされる。一九六八年五月、日本大学で巨額の使途不明金が発覚、学生たちの抗議行動がはじまり、全学規模の大きな紛争に発展した。

＊11——**中核派と革マル派**　新左翼党派。一九六二年、革命的共産主義者同盟内の対立が深刻化し、革命的共産主義者同盟全国委員会（中核派）と日本革命的共産主義者同盟革命的マルクス主義派（革マル派）に分裂した。七〇年代、「内ゲバ」という抗争をくりひろげた。革マル派は、国鉄の労働組合としては唯一、国鉄分割・民営化に賛成した。

＊12——**連合赤軍**　共産主義者同盟赤軍派と京浜安保共闘が連合して結成された新左翼団体。暴力革命を重視し、軍事訓練のために、「山岳ベース」と呼ばれる秘密基地を山中に建設した。しかし、「総括」と称した組織内粛清・集団リンチ殺人を引き起こしたうえ、七二年二月、人質籠城事件「あさま山荘事件」を起こして世間に衝撃を与えた。

＊13——**六八年五月革命**　一九六八年五月、フランスで起こった反体制運動。大学の変革を求める学生たちの運動を発端とし、ベトナム反戦、資本主義社会批判などの運動と合流して労働者も参加、六八年五月二一日には一千万人という空前の規模のゼネストが行われた。ド・ゴール大統領は議会解散などで沈静化をはかったものの、翌年に辞任する事態となった。

＊14——**山村工作隊**　一九五二年、中国と同様の武装闘争路線が必要と考えた日本共産党が、山村地帯に「遊撃隊」をつくる目的で行った非公然活動。山村に学生党員らを派遣し、拠点と

すべく工作に当たらせたが、地域住民の理解をえられず失敗に終わった。のち、日本共産党は活動を誤りと認めた。

＊15――**総評**　日本労働組合総評議会の略称。労働組合の全国中央組織のひとつであったが、一九八九年、日本労働組合総連合会（通称「連合」）に合流するため解散。

＊16――**ドルの金兌換を停止**　一九七一年八月一五日にアメリカのニクソン大統領が発表した、ドル紙幣と金の引き換え（兌換）停止のこと。背景には、アメリカの国際貿易収支の悪化、ドルの信頼性の低下がある。ドルの金兌換は固定相場制の基礎となっていたため、制度を維持するべく、ドルの切り下げなどの調整が行われたものの長続きせず、一九七三年に国際経済は変動相場制に移行した。

＊17――**マルチチュード**　元来は「多数」「民衆」の意味をもつ言葉。もともとマキャベリが使用し、スピノザが『エチカ』で用いた。政治哲学者のアントニオ・ネグリとマイケル・ハートが、著書『〈帝国〉』『マルチチュード』などで論じたことで注目を集めている。ネグリ＝ハートによれば、〈帝国〉への抵抗の主体となる「多様性をもった多数者」とされている。

＊18――**ワーカーズ・コレクティブ**　労働者協同組合。雇用‐被雇用という関係性ではなく、組合員同士が共同で出資し、労働も担う。地域に密着した事業運営が特徴。一九世紀の産業革命期に誕生し、日本にも戦前から存在したが、一九八〇年代以降、特に高齢者雇用の安定

化という観点から注目を集めている。

＊19——一九六七年の一〇・八羽田闘争　ベトナム戦争での日本のアメリカ支持に反対するため、新左翼団体が羽田に集結し、佐藤栄作首相の南ベトナム訪問を阻止しようとした行動。機動隊と衝突し、多数の負傷者や逮捕者が出た。以後、新左翼のゲバ棒と投石によるデモが頻発するきっかけとなった。

柄谷行人氏の情熱に降参――「政治を語る」インタビュー後記

「図書新聞」編集部から、「六〇年代から七〇年代にかけての闘争を軸にした歴史の検証をしたいのでインタビューをよろしく」と連絡があったのが、二〇〇八年一月の凍てつくころであった。

俺としては、これに託《かこつ》けてこの際、まずは柄谷行人氏にお会いしたい、と願った。根拠は、柄谷行人氏が六〇年安保を闘い、共産主義者同盟の学生組織である社会主義学生同盟の再建に挑んだという話を、新宿の酒場で直に聞いていたからであるし、六〇年安保と六八年をピークとする新左翼・全共闘の運動と組織を貫いて、実践的に俯瞰できる希有な知識人と信じているからである。

そして、思えば、柄谷氏が生々しく〝政治〟を語るのは、柄谷氏のファンとして読んできた著作物や対談集ではほぼ皆無で、「これは俺ばかりでなく、読者が喜ぶ」と思ったこともある。

柄谷氏は快く応じてくれた。それも、二〇〇八年三月と六月の二度にわたり、各《おのおの》昼の二時から夜の一〇時過ぎまで、当方に滾《たぎ》る熱をもって。嚙み砕いて易しく。

当方は六〇年安保時は高校一年生で、闘いの質が今一つも二つもピンとこなかったが、世界史の中で検証していく柄谷氏の考えに、かえってかなりして解りうるものをもらった。

そればかりでなく、俺たちの考えていた国家の分析は、一国の国の骨格や縛りと、一国の経済分析で終わっていて、国家が他の国家とのかかわりで運動していく点についての分析にあまりにも弱かったことも教わった。柄谷氏の考えは「関係性」、「連動性」、「交換性」という点でうねり続けている。

こむずかしいとばかり思いこみ、わかりえなかった哲学者カントの『永遠平和のために』で説く「平和」という概念の背景、必然性、正当性も、柄谷氏の直接の語りのゆえかかなり納得できた。

娯楽作家でも「近代文学の終り」という柄谷氏の説を聞くと心臓が縮む。本を読んでもらうとわかるが、思想や哲学を説くらしいジュンブンガクの話らしい。ほっ。しかし、やはり、純文学というのはエンターテインメントを引っ張っていく源泉でもあるわけで。一縷の希望としても大いなる幻想を抱いている当方はとどのつまり不安に陥りますね。その上で、決定的な重みをもつ考えである。

ずらっと聞きたかった「暴力論」も具体的に柄谷氏は語ってくれた。もしかしたら、インタビュアーの唯一の手柄かもしれない。

それにしても、柄谷行人氏の迸《ほとばし》る情熱はすごく、単独者の他者への思いに、正直いって、頭を垂れ、清々しく感じたのであった。感謝そのものである。

二〇〇九年三月

小嵐九八郎

「反原発デモが日本を変える」インタビュー後記

柄谷行人さんとは、ほぼ一年近くぶりの仕事だった。昨年『世界史の構造』（岩波書店）を上梓された時に、苅部直（東大教授）さんと対談をしてもらった（「週刊読書人」二〇一〇年八月二〇日号掲載、現在『「世界史の構造」を読む』［インスクリプト、二〇一一年］に収録）。「新潮」で新連載「哲学の起源」をはじめられたばかりで、お忙しい中だったとは思うが、三時間にわたってお話しいただいた。

紙面には紹介できなかったが、反原発運動の話以外にも、興味深い意見を随分とうかがった。コーヒーを二杯飲まれただけで、ほとんど話し通しだった。以前、熊野大学で講師を務められたとき、懇親会の席上、鳥のスープをスプーンで一口分掬《すく》い、「カントは……」と話しはじめ、そのまま二時間話し続けたという逸話がある。元気である。

インタビューの途中、「君も今度デモに参加したらどうか」と誘われた。ごく自然に、さり気ない物言いだった。デモ隊の中、柄谷さんと肩を並べて歩くことは叶わなかったが、六月一一日のデモには、脚本家の友人を誘って参加した。

かつてデモをやっていた全共闘世代の人々が、以前、集会やデモを抑圧していたということを、今回初めて知った。なんとも悲しく、情けない話ではないか。最早彼らに期待することなどひとつとしてないが、せめて「社会のお荷物」とならないために、現在立ち上がりつつある運動の邪魔などせず、静かに隠遁していただくことを願う。もちろん「反原発運動」に反対する自由があることも認めはするが。

週刊読書人　明石健五

二〇一一年六月

著者あとがき

本書第一部の「政治を語る」は、六〇年代の運動を回顧する図書新聞の企画で、小嵐九八郎氏による連続インタビューの第一回としてなされたものである。じつは、私はこのような企画に消極的であったが、いざ話し出すと止まらなくなった。小嵐氏の飄々たる風貌・人格がそれを促したのである。新聞に発表された部分は短く、第一章に該当する程度であった。その後に小嵐氏からの要請があって、六〇年代だけでなく、現在にいたるまでの私の政治的・思想的な体験に関するインタビューを引き受けることになった。それが『柄谷行人 政治を語る』（図書新聞、二〇〇九年）という単行本として出版されたのである。

とはいえ、この本はあくまで六〇年代を回顧するシリーズの一環であり、また、そのようなものとして読まれたはずである。つまり、その文脈を越えて読まれることはなかった。平凡社編集部はこれを平凡社ライブラリーに収録するにあたって、現在の政治・思想状況につながるようなかたちに再編してはどうかと提案してきた。具体的にいえば、それは「政治を語る」に加え、3・11原発震災以後の私の政治的活動に関する、週刊読書人の明石健五氏によるインタビュー、さらに、平凡社編集部の西田裕一、岸本洋和両氏による補足的なインタビューを付け加えることである。私はそれに同意した。

結果的に、本書の内容は、一九六〇年のデモで始まり、二〇一一年のデモに終ることになった。私はこの五〇年間に大きな変化があったにもかかわらず、根本的には変わっていないということに気づいた。このような機会を与えてくださった皆さんに感謝したい。

柄谷行人

二〇一一年一一月一日　於東京

柄谷行人　著作リスト

『畏怖する人間』（冬樹社、一九七二年／トレヴィル、一九八七年／講談社文芸文庫、一九九〇年）
『意味という病』（河出書房新社、一九七五年／講談社文芸文庫、一九八九年）
『マルクスその可能性の中心』（講談社、一九七八年／講談社文庫、一九八五年／講談社学術文庫、一九九〇年）
『反文学論』（冬樹社、一九七九年／講談社学術文庫、一九九一年）
『ダイアローグ』Ⅰ〜Ⅳ（冬樹社、一九七九年／第三文明社、一九八七年－一九九一年）
『日本近代文学の起源』（講談社、一九八〇年／講談社文芸文庫、一九八八年）
『隠喩としての建築』（講談社、一九八三年／講談社学術文庫、一九八九年）
『思考のパラドックス』（第三文明社、一九八四年）
『批評とポスト・モダン』（福武書店、一九八五年／福武文庫、一九八九年）
『内省と遡行』（講談社、一九八五年／講談社学術文庫、一九八八年）
『探究Ⅰ』（講談社、一九八六年／講談社学術文庫、一九九二年）
『言葉と悲劇』（第三文明社、一九八九年／講談社学術文庫、一九九三年）
『探究Ⅱ』（講談社、一九八九年／講談社学術文庫、一九九二年）
『終焉をめぐって』（福武書店、一九九〇年／講談社学術文庫、一九九五年）

『漱石論集成』（第三文明社、一九九二年／平凡社ライブラリー、二〇〇一年）
『ヒューモアとしての唯物論』（筑摩書房、一九九三年／講談社学術文庫、一九九九年）
『〈戦前〉の思考』（文藝春秋、一九九四年／講談社学術文庫、二〇〇一年）
『坂口安吾と中上健次』（太田出版、一九九六年／講談社文芸文庫、二〇〇六年）
『差異としての場所』（講談社学術文庫、一九九六年）
『NAM原理』（太田出版、二〇〇〇年）
『可能なるコミュニズム』（編著、太田出版、二〇〇〇年）
『倫理21』（平凡社、二〇〇〇年／平凡社ライブラリー、二〇〇三年）
『トランスクリティーク――カントとマルクス』（批評空間、二〇〇一年／岩波現代文庫、二〇一〇年）
『柄谷行人初期論文集』（批評空間、二〇〇二年／インスクリプト、二〇〇五年）
『日本精神分析』（文藝春秋、二〇〇二年／講談社学術文庫、二〇〇七年）
『定本柄谷行人集』全五巻（岩波書店、二〇〇四年）
『近代文学の終り――柄谷行人の現在』（インスクリプト、二〇〇五年）
『世界共和国へ――資本＝ネーション＝国家を超えて』（岩波新書、二〇〇六年）
『定本　日本近代文学の起源』（岩波現代文庫、二〇〇八年）
『日本近代文学の起源　原本』（講談社文芸文庫、二〇〇九年）
『柄谷行人　政治を語る』（図書新聞、二〇〇九年）

『世界史の構造』（岩波書店、二〇一〇年）
『「世界史の構造」を読む』（インスクリプト、二〇一一年）
『政治と思想　1960-2011』（平凡社ライブラリー、二〇一二年）

平凡社ライブラリー　758

政治《せいじ》と思想《しそう》 1960-2011

発行日…………2012年3月11日　初版第1刷

著者……………柄谷行人
発行者…………石川順一
発行所…………株式会社平凡社
〒112-0001　東京都文京区白山2-29-4
電話　東京(03)3818-0742[編集]
東京(03)3818-0874[営業]
振替　00180-0-29639

印刷・製本 ……株式会社東京印書館
DTP…………株式会社光進＋平凡社制作
装幀……………中垣信夫

ISBN978-4-582-76758-2
NDC分類番号310
B6変型判（16.0cm）　総ページ238

平凡社ホームページ http://www.heibonsha.co.jp/
落丁・乱丁本のお取り替えは小社読者サービス係まで
直接お送りください（送料、小社負担）。

平凡社ライブラリー　既刊より

【日本史・文化史】